用于国家职业技能鉴定

国家职业资格培训教程

YONGYU GUOJIA ZHIYE JINENG JIANDING • GUOJIA ZHIYE ZIGE PEIXUN JIAOCHENG

智能楼宇管理师

（基础知识）

编审委员会

主　任　刘　康

副主任　陈李翔　宋　建

委　员　（按姓氏笔画排序）

牛云陞　王平健　仲　静　张　伟　李奇一

陈　蕾　孟昭鹏　赵　欢　徐　强　徐庆继

黄佩君　康立红

本书编写人员

主　编　牛云陞

副主编　徐庆继　黄佩君

编　者　（编者按姓氏笔画为序）

牛云陞　仲　静　李奇一　赵立泉

徐庆继　黄佩君　康立红

ZHINENG
LOUYU
GUANLISHI

中国劳动社会保障出版社

图书在版编目(CIP)数据

智能楼宇管理师：基础知识/中国就业培训技术指导中心组织编写. —北京：中国劳动社会保障出版社，2006

国家职业资格培训教程

ISBN 978-7-5045-5847-3

Ⅰ. 智…　Ⅱ. 中…　Ⅲ. 智能建筑-管理-技术培训-教材　Ⅳ. TU855

中国版本图书馆 CIP 数据核字(2006)第 115191 号

中国劳动社会保障出版社出版发行

（北京市惠新东街 1 号　邮政编码：100029）

出 版 人：张梦欣

*

三河市华骏印务包装有限公司印刷装订　新华书店经销

787 毫米×1092 毫米　16 开本　12.25 印张　190 千字

2006 年 12 月第 1 版　2019 年 10 月第 16 次印刷

定价：22.00 元

读者服务部电话：（010）64929211/84209101/64921644

营销中心电话：（010）64962347

出版社网址：http: // www.class.com.cn

前　言

为推动智能楼宇管理师职业培训和职业技能鉴定工作的开展，在智能楼宇管理从业人员中推行国家职业资格证书制度，中国就业培训技术指导中心在完成《国家职业标准——智能楼宇管理师（试行）》（以下简称《标准》）制定工作的基础上，组织参加《标准》编写和审定的专家及其他有关专家，编写了《国家职业资格培训教程——智能楼宇管理师》（以下简称《教程》）。

《教程》紧贴《标准》，内容上，力求体现“以职业活动为导向，以职业能力为核心”的指导思想，突出职业培训特色；结构上，针对智能楼宇管理师职业活动的领域，按照模块化的方式，分级别进行编写。《教程》的基础知识部分内容涵盖《标准》的“基本要求”；技能部分的章对应于《标准》的“职业功能”，节对应于《标准》的“工作内容”，节中阐述的内容对应于《标准》的“技能要求”和“相关知识”。

《国家职业资格培训教程——智能楼宇管理师（基础知识）》适用于对各级别智能楼宇管理师培训，是职业技能鉴定推荐辅导用书。

《智能楼宇管理师（基础知识）》全书共分六章，第一章、第五章由康立红编写；第二章由徐庆继编写；第三章由牛云陛编写；第四章的第一节由黄佩君编写，第四章的第二节由仲静编写；第六章的第一节由赵立泉编写，第六章的第二节由李奇一编写。其中牛云陛作为主编负责了全书的统稿，徐庆继完成了书中部分章节的统稿。

本书是在国家职业资格培训鉴定实验基地（天津）有关人员的大量工作和积极支持下完成的。与此同时，在编写过程中得到了天津中德职业技术学院、清华同方股份有限公司等单位的大力支持与协助，在此一并表示衷心的感谢。

由于时间仓促，不足之处实所难免。欢迎读者提出宝贵意见和建议。

中国就业培训技术指导中心

目　录

CONTENTS 《国家职业资格培训教程》

第一章 职业道德和职业守则

第一节 职业道德基本知识

一、职业道德的定义

职业道德是指同人们的职业活动紧密联系的符合职业特点所要求的道德准则、道德情操与道德品质的总和，同时也是从事一定职业的人，在职业活动中应遵循的行为准则。它既是对各行各业从业人员在本职工作中的行为要求，也是各行各业对社会所负的道德责任与义务。职业道德一方面调整行业内部人与人之间的关系，要求每个从业人员遵守职业道德准则，做好本职工作；另一方面，职业道德也能调节本行业从业人员同其他行业从业人员及社会上其他人之间的关系，以树立和维护良好的职业形象。

二、职业道德的特点

在现实生活中，人们的职业及具体的职责虽各不相同，但就其职业道德而言，有着共同的特点。

1. 鲜明的职业性和较强的针对性

职业道德总是和职业活动紧密联系在一起，它源于职业活动，又反映着各行各业的职业特点、职业义务、职业要求和职业利益。由于各行各业在特定的职业活动中形成了各自特殊的职业行为规范和职业道德要求，因此，各行各业的职业道德都打上了鲜明的职业烙印。

职业道德是同人们的社会分工、职业生活紧密联系在一起的。它是根据不同职业的工作性质、任务、责任和要求逐步归纳完善而形成的。它对人们在职业活动中应遵循的原则做了具体而鲜明的规定。

2. 较大的稳定性和强烈的时代感

由于职业道德反映着各种职业利益关系及其特殊要求，因此，只要某一种职业在社会中存在，与这种职业结合在一起的道德原则和规范的存在就是必然的。在不同的社会制度下，有许多相同的职业，从事相同职业的人们，由于有着共同的劳动内容，近乎一致的劳动方式，就有了许多相同的道德规范，从而形成了一种世代相传的职业道德传统。因此，职业道德就具有较大的稳定性。如商业职业道德中的“信誉第一”；教师职业道德中的“为人师表”；医生职业道德中的“救死扶伤”等，在不同的社会有着大体相同的内容。但是，职业道德又是随着时代、社会的发展变化而变化的，如奴隶社会的职业道德体现着维护奴隶主统治等级制特征；封建社会的职业道德带有明显的封建色彩；资本主义社会的职业道德又表现出利己主义要求；社会主义社会的职业道德则强调集体主义，全心全意为人民服务。总之，不同社会形态和社会性质中同一职业的职业道德都会打上时代的烙印，并且具有较强的时代感。

3. 适用范围的普遍性和内容、形式的多样性

职业道德作为社会职业领域道德关系的总体反映，它有着适用于整个职业活动的行为原则和规范，构成相对完整的职业道德体系，为本职业的从业人员提供普遍的行为准则和价值准则。但是，在职业领域内部，则有着多种多样的岗位，由于每个职工具体工作岗位和业务活动不同，职业道德的具体要求也不完全相同，因此，职业道德的内容又呈现多样性。为适应职业活动的内容、工作方式以及本职业人员的接受能力，职业道德往往采用“守则”“公约”“规章”等多种形式，体现出形式的多样性。

第二节　职　业　守　则

一、认真严谨，忠于职守

认真严谨就是要求本职业人员不断积累专业知识和教学、管理经验，不断进取，把业务工作做得越来越好。忠于职守就是要兢兢业业、勤勤恳恳、尽职尽责地干好本职工作，以忘我的热情和献身精神，干一流的工作，创一流的政绩。

认真严谨、忠于职守与渴望获得职业成就有着十分密切的联系。一个热爱本职业的人员，必然希望自己在推动本职业事业发展方面有所为。这种愿望可以被称为事业理想或职业成就感，它也是职业道德意识的重要组成部分。追求这种成就感，对本职业工作重要性的认识，比一般人要高出一个境界。不看重职业的谋生意义，而是更看重事业的存在及发展的意义，看重事业成就感，把生命的价值融化在自己的事业之中。

二、勤奋好学，不耻下问

勤奋好学，不耻下问是职业道德的另一个重要方面。在学习和工作上，只有勤奋好学，不耻下问，才能有所进步，不断创新。所以，只有勤奋好学，不断学习新知识、新技术，不断更新、改善知识结构，刻苦钻研，才能适应不断发展变化的职业工作要求。因此，本职业各类从业人员要在日常工作中孜孜不倦，持之以恒，勤奋读书，努力钻研，不断提高自己的业务水平。

三、钻研业务，勇于创新

当今世界是科学技术腾飞的时代，是知识经济迅猛发展的时代。随着经济的发展和企业改革的深入，本职业的业务在不断发展和变化。因此，本职业人员只有勇于创新，不断学习新知识、新技术，不断更新、改善知识结构，刻苦钻研，树立终身学习的观念，才能适应不断发展变化的职业工作要求。

创新的过程是更新观念的过程，是寻找和把握客观规律的过程，是不断突破内在局限和外在局限的过程，也是实事求是的过程。只有不断开拓创新，本职业工作才能给今后的工作提供有力的支持。不断创新是提高企业市场竞争力的重要途径。因此，必须要通过深入调研，明确发展方向，在体制、内容、方式、方法、思路等方面勇于创新。

四、爱岗敬业，遵纪守法

爱岗敬业作为一种职业道德规范来说，爱岗就是热爱自己的工作岗位，热爱本职工作；敬业就是用一种严肃的态度和认真负责的精神来对待本职工作。

爱岗与敬业是相辅相成、不可分割的，只有把对工作的热爱之情体现在忘我的劳动创造和勤奋努力的工作过程中，才能做出优异成绩。工作中尽职尽责，恪尽职守，自觉自愿地为本职工作贡献自己的毕生精力，满腔热情地进行创造性劳动，为本职工作贡献自己的光和热。

遵纪守法，既包括遵守法律也包括遵守纪律，要求本职业从业人员在思想、品德、作风、纪律上成为表率，时时刻刻严格要求自己，自觉遵守各项政治纪律、劳动纪律、组织纪律、学习纪律和财经纪律等。在工作生活中，每个人都应自觉遵纪守法，这是保证社会稳定发展的前提条件。作为一名从事智能楼宇管理的从业人员，应自觉地学习有关的法律、法规，增强法制观念，从而促进职业的良性循环。

第二章 智能楼宇基础知识

第一节 智能楼宇概述

一、智能建筑的功能及特点

自从1984年美国出现了世界第一座智能建筑，智能建筑的潮流席卷世界。我国在20世纪90年代初也开始了智能建筑的发展。但随着信息技术的发展，智能建筑的含义也不断发生变化，目前很难用一个抽象的概念对其内涵加以概括。各个国家对智能建筑的定义虽然内容相似但说法却各不相同。

美国智能建筑学会的定义是：智能建筑是通过将建筑物的结构、系统、服务和管理四个基本要素进行最优化组合，提供一种投资合理，具有高效、舒适和便利环境的建筑物。

日本智能建筑研究会对智能建筑下的定义是：智能建筑是指同时具有信息通信、办公自动化服务以及楼宇自动化服务各项功能，并便于智力活动需要的建筑物。

新加坡政府在《智能大厦手册》中规定，智能建筑必须具备三个条件：一是具有先进的自动化控制系统，能对建筑物内的温度、湿度、灯光等进行自动调节，并具有保安、消防功能，为用户创造舒适、安全的环境；二是具有良好的通信网络设施，使数据能够在建筑内进行流通；

三是具有足够的对外通信设施与通信能力。

在我国的《智能建筑设计标准》中，对智能建筑的定义是：智能建筑是以建筑为平台，兼备建筑设备、办公自动化及通信网络系统，集结构、系统、服务、管理及它们之间的最优化组合，向人们提供一个安全、高效、舒适、便利的建筑环境。

总的来说，智能建筑是计算机技术、通信技术、控制技术与建筑技术的完美结合，它标志着一个国家综合国力和科技水平。智能建筑是综合性科技产业，涉及的行业有建筑、电力、电子、仪表、钢铁、建材、机械、自动化、计算机、通信等。

1. 智能建筑的功能

（1）具有对各种信息进行通信并进行信息处理的功能。

（2）能对建筑物内的各系统设备进行综合自动控制，运行状态的监视和数据管理。

（3）能实现办公自动化。

（4）建筑物内的各系统具有充分的适应性和可扩展性，并有良好的节能和环境保护功能。

（5）所有的功能能够随着技术的不断进步和社会的需要进行拓展。

2. 智能建筑的特点

（1）集智能化、集成化、协调化于一体，使控制过程、各子系统之间实现目标管理。

（2）对建筑物内机电设备进行自动控制、程序控制及综合管理，实现楼宇自动化。

（3）办公自动化。

（4）有易于改变的空间及舒适的环境。

二、智能建筑产生的背景

智能建筑是为了适应现代信息社会对建筑物功能、环境和高效管理要求，特别是对建筑物应具备信息通信、办公自动化、建筑设备自动控制和管理等一系列功能的要求下，在传统建筑的基础上发展而来的。它已成为一个国家、地区和城市现代化水平的重要标志之一。

智能建筑从其产生至今，在世界上得到了迅猛的发展，究其原因，是与其深刻的技术、经济和社会背景分不开的。

1. 技术背景

在20世纪80年代后期，随着计算机、通信、控制三项技术在楼宇自动化、通信网络以及它们的系统集成方面取得了飞跃的发展，再加上在20世纪90年代初期，国际互联网在全世界迅速普及和应用，使得人们对建筑功能的要求越来越高。同时，高新科技也为人们提供一个安全、高效、舒适、方便的环境。在这种大环境下，智能建筑便理所当然地出现了。

2. 经济背景

如今的世界经济已由总量增长型向质量效益型转变，产业结构正向着高增值型与知识集约型转变。智能建筑产业顺应了这一潮流，适应了这种产业结构变化的需要。它以现代高新技术为基础，通过系统集成获得了很高的增值。据统计，智能建筑中智能系统的回收期在3年左右，远远高于建筑的其他部分，其技术和产品已成为一个迅速成长的新兴产业。

3. 社会背景

随着传统建筑物的功能日益加强，各种自动化的管理与服务设备广泛应用，各类系统共存，但又互不兼容，使得各系统从建设时的布线施工到运行时的管理维护都非常不便，难以适应发展的需要，这种社会的客观需要促进了传统建筑向智能建筑的发展。

三、智能建筑的发展状况

1. 智能建筑的发展史

智能建筑一词首次出现于美国联合科技集团（UTBS）公司于1984年1月在康涅狄格州哈特福德市所建设完成的都市大厦的宣传词中。该大楼使用当时最先进的技术来控制空调设备、照明设备、防灾和防盗系统、电梯设备、通信和办公自动化设备等，除可实现舒适性、安全性的办公环境外，还具有高效、经济的特点，是世界公认的第一座智能建筑。该智能建筑的建成引起了世人的注目。在此以后，智能建筑迅速发展，其中以美国和日本兴建的最多。

日本是在智能建筑领域进行全面的综合研究并提出有关理论和进行实践的最具代表性的国家之一。自1984年引进智能建筑的概念后，相继建成了墅村证券大厦、安田大厦、KDD通信大厦、标致大厦、NEC总公司大楼、东京市政府大厦、文京城市中心等多幢智能建筑。

智能建筑在世界上的发达国家的兴建正方兴未艾，形成了目前世界建筑业中智能建筑一枝独秀的局面。据有关统计，美国的智能建筑已超过万幢，日本新建的大楼中约60%是智能建筑。

我国智能建筑建设始于1990年，随后便在全国各地迅速发展。北京的发展大厦是我国智能建筑的雏形，随后建成了上海金茂大厦（88F）、深圳地王大厦（81F）、广州中信大厦（80F）、南京金鹰国际商城（58F）等一批智能化程度较高的智能建筑。据2004年11月建设部对30个省、自治区、直辖市大型公共建筑进行的统计，在建和已竣工的体育场馆、机场航站楼、大型剧院、会展中心等大型公共建筑共有2 367幢，估计全国各地省、自治区、直辖市政府办公大楼、行政中心、金融银行大楼、高档星级宾馆、公检法大楼等大约也有相同数量。

我国政府有关部门对智能建筑的发展比较重视，并采取了相应的部署和措施。1995年7月，上海华东建筑设计研究院率先推出上海地区的《智能建筑设计标准》（DBJ－47－95）。同年，南京工业大学成立了“建筑智能化研究所”。同时，该所编出了国内最早出版的《智能化建筑导论》大学教材。1996年1月，在上海召开了国内首届智能建筑研讨会。1996年2月，成立了建设部科技委智能建筑技术开发推广中心，推广中心组建了智能建筑技术专家组。1997年10月，建设部发布《建筑智能化系统工程设计管理暂行规定》（建设［1997］290号），该文件是一个纲领性文件，对建筑智能化系统工程设计走向有序化指定了方向。2000年10月1日《智能建筑设计标准》（国家标准GB/T 50314－2000）正式批准出台，标志着我国的智能建筑业走向成熟。

2. 智能建筑的发展趋势

（1）多个系统相互交叉融合

现代技术的发展使得计算机除了具有文字和数据处理的功能外，还具有声音、图形及图像处理能力。因此，智能建筑中的各个系统可以构成一个系统，该系统具有很强的综合处理能力。美国公布的《21世纪的记述：计算机、信息和通信》研究报告指出：“信息技术未来的应用将肯定建立在网络之上，并且具有良好的人机交互能力和多维信息处理能力。在技术上，发展的重点将是虚拟技术、协同工作、可视化技术；在应用上，必须密切结合应用需求，强调综合集成。”

（2）智能建筑的类型多样化

目前智能建筑领域已经从办公楼向机场、港口、银行、饭店、住宅、教育设施等发展。

（3）智能建筑的群体化

智能建筑已从单独的建筑发展为多个建筑的智能建筑群、智能社区，有的甚至要把整个城市或国家全面实现智能化。

（4）多学科、多技术的渗透

虚拟技术、人工智能、生物电子工程、仿生学、生态学等新技术在智能建筑中的应用，使得智能建筑拥有了新的功能。

四、智能建筑的系统组成

智能建筑是楼宇自动化系统（Building Automation System，BAS）、通信自动化系统（Communication Automation System，CAS）和办公自动化系统（Office Automation System，OAS）三者通过结构化综合布线系统和计算机网络技术的有机集成，其中建筑环境是智能建筑的支持平台。

1. 楼宇自动化系统（BAS）

楼宇自动化系统以中央处理计算机为核心，能够随时调节、控制包括变配电、照明、通风、空调、电梯、给排水、消防、安保等各种设施，检测、显示各子系统的运行参数，监视、控制各子系统的运行状态，并能根据外界条件、环境因素、负载变化等情况自动调节各种设备，使系统始终运行于最佳状态；自动监测并处理诸如停电、火灾、地震等意外事件；自动实现对电力、供热、供水等能源的使用、调节与管理，保障工作环境和居住环境的安全、可靠、节能、舒适。

2. 办公自动化系统（OAS）

办公自动化系统是利用先进的信息处理设备，以计算机为中心，采用传真机、复印机、电子邮件（e-mail）、国际互联网络与局域网络等一系列现代化办公及通信设施，全面广泛地收集、整理、加工、使用各种信息，提高人们的工作质量和工作效率，为科学管理和决策提供服务。

办公自动化系统的主要功能有图文处理、情报检索、统计分析、计算机辅助设计、文档管理、电子邮件、电子数据交换、会议电视等。另外，先进的办公自动化系统还可以提供辅助决策功能，提供从低级到高级的、逐步建立为领导办公服务的决策支持系统。

3. 通信自动化系统（CAS）

通信自动化系统能够以高速率对智能建筑中的各种图像、文字、语音及数据进行通联，同时也与外部公用网络进行信息交流。通信自动化体系可分为固定电话通信系统、声讯服务通信系统、无线通信系统、卫星通信系统、多媒体通信系统、视讯服务系统、有线电视系统及计算机通信网络系统八个子系统。

第二节　智能楼宇功能简介

智能建筑功能系统主要包括：结构化综合布线系统、火灾自动报警及消防联动系统、通信网络与信息网络系统、建筑设备监控系统、安全防范系统。下面一一加以介绍。

一、结构化综合布线系统

建筑物结构化综合布线系统（SCS）又称开放式布线系统，是指一个建筑物（或场地）的内部之间或建筑群体中的信息传输媒介系统。它将话音、数据、图像等各种设备所需的布线、接续构件组合在一套标准的且通用的传输介质中。在目前来看，综合布线系统是智能建筑一种比较理想的布线方式，它将智能建筑的3A系统有机地连接起来。

随着我国城市中各种高层建筑和现代化公共建筑的不断涌现，尤其是智能化建筑的建成，综合布线系统已成为建筑工程中的热门课题。

综合布线系统是一个全新的概念，它同传统的布线系统相比，具有许多优越性，是传统系统所无法企及的。综合布线系统的特性主要表现为它的兼容性、开放性、灵活性、可靠性、先进性和经济性。

按照EIA/TIA568A标准，综合布线系统由六个独立的子系统组成，如图2—1所示。

1. 工作区子系统

工作区子系统位于终端设备接线处和信息插座之间，是综合布线系统的最末端，它由信息插座、连接软线和适配器组成，可将各种终端设

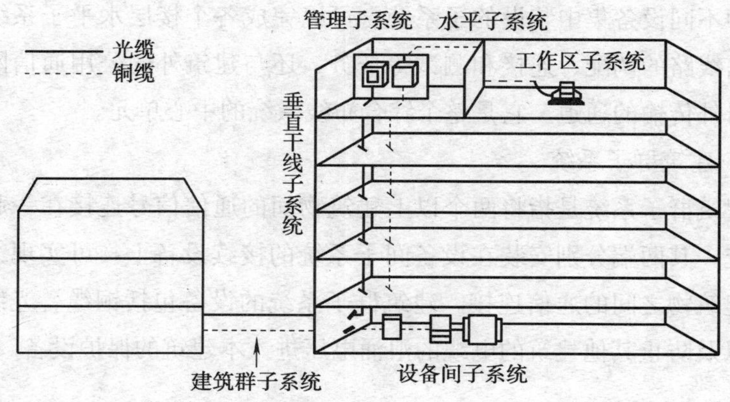

图 2—1　综合布线系统的系统组成

备接入到综合布线系统中。工作区子系统规模的大小由信息插座的数量决定，不做统一规定。

2. 水平布线子系统

水平子系统一端接在信息插座，另一端接在楼层配线间的配线架上，多采用四对非屏蔽对绞线。水平子系统是连接工作区子系统和垂直干线子系统的部分，功能是将干线子系统线路延伸到工作区，它只局限于同一楼层的布线系统。

3. 管理子系统

管理子系统设置在每个楼层中接续设备的房间内，主要功能是将干线子系统与各楼层间的水平子系统相互连接，它是连接干线子系统和水平子系统的纽带。管理子系统的主要设备为配线架和跳线。当终端设备位置或局域网的结构变化时，通过跳线方式即可解决，而不需要重新布线。管理子系统是充分体现综合布线灵活性的地方，是综合布线的一个重要的子系统。

4. 干线子系统

干线子系统由两端分别接到管理子系统和设备间子系统的大多数对绞线电缆或光缆组成。它是综合布线系统中的主干线路，是整个大楼的信息交通枢纽。

5. 设备间子系统

设备间子系统是整个综合布线系统的中心单元，由主配线架、相关支撑硬件及防雷保护装置等构成。它是把建筑内公共系统需要互相连接的各种不同设备集中装设的子系统，可以完成各个楼层水平子系统之间的通信线路的调配、连接和测试等任务，还与建筑外的公用通信网连接形成对外传输的通道。它是整个综合布线系统的中心单元。

6. 建筑群子系统

建筑群子系统是指将两个以上建筑物间的通信信号连接在一起的布线系统，其两端分别安装在设备间子系统的接续设备上，可实现大面积地区建筑物之间的通信连接。建筑群子系统的设备包括铜缆、光缆、配线架以及防止其他建筑的电缆的浪涌电压进入本建筑的保护设备。

二、火灾自动报警及消防联动系统

火灾自动报警与消防联动控制系统是智能大厦必须设置的系统之一，功能是通过布置在现场的火灾探测器自动监测火灾发生时产生的烟雾或火光、热气等火灾信号。当有火灾发生时发出声光报警信号，同时联动有关消防设备，实现监测报警、控制灭火。

火灾自动报警与消防联动控制系统由下列部分或全部设备组成，如图 2—2 所示。

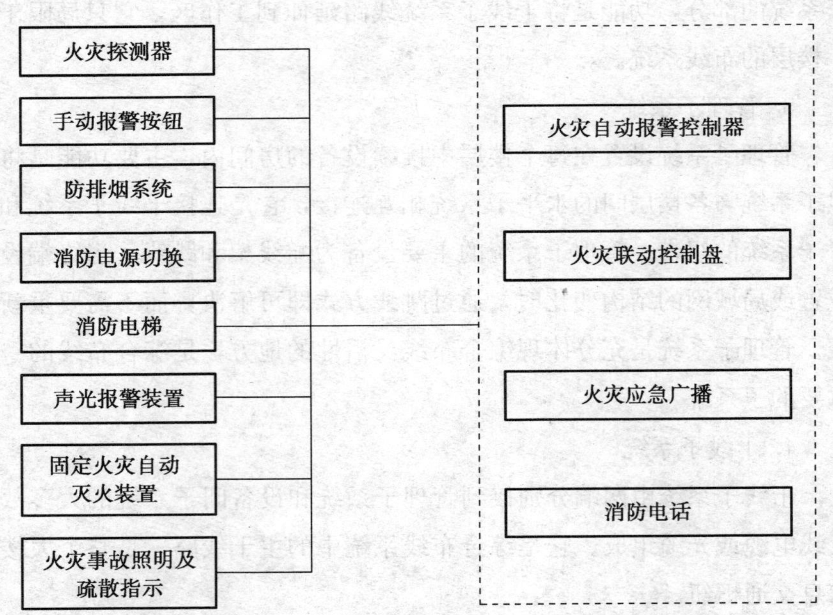

图 2—2　火灾自动报警与消防联动控制系统框图

1. 火灾探测器

火灾探测器是火灾自动报警系统的感测元件，它能将火灾发生时所产生的烟雾、温度、光等物理现象转变为电信号，并传到火灾自动报警控制器。

2. 手动报警按钮

手动报警按钮安装在公共场所，用于火灾发生后的人工报警。当有火灾发生时，触发手动报警按钮，可向火灾自动报警控制器发出火灾报警信号。

3. 防排烟系统

防排烟系统在整个消防联动控制系统中的作用非常重要，它能在火灾发生时将建筑物内的烟气排出，并能阻隔烟气以防止烟气在建筑物内蔓延。目前的防排烟设备有防火门、防火卷帘、防火阀、挡烟垂壁、排烟风机、加压风机等数种。

4. 消防电源切换

消防设备电源应在末端有双电源自动切换供电装置，成套的自动切换装置还能监测电源电压和频率。当电源侧有失压、断相、接地等故障时，就自动进行电源切换。

5. 消防电梯

电梯是高层建筑中的纵向交通工具，消防电梯能在火灾发生时供消防人员灭火和救人使用，并且在平时消防电梯也可兼做普通电梯使用。而普通电梯由于发生火灾时其供电电源没有把握，没有特殊情况一般不能使用。

6. 声光报警装置

声光报警装置和火灾自动报警控制器连接，当火灾自动报警控制器接收到报警信号时，可通过声光报警装置发出声光报警信号。

7. 固定火灾自动灭火装置

固定自动灭火系统的功能是当火灾发生时能够自动喷洒水、液体或气体进行灭火。具体有自动喷水灭火系统、气体自动灭火系统、泡沫灭火系统及干化学灭火系统等。每种系统都有其特定的使用环境，其中自动喷水灭火系统的应用最为广泛。

8. 火灾事故照明及疏散指示

火灾事故照明与疏散指示标志的作用是保证发生火灾时，建筑物中重要的房间或部位能继续正常工作。

火灾事故照明包括火灾事故工作照明及火灾事故疏散指示照明，事故照明灯的工作方式分为专用和混用两种。前者平时不用，事故发生时强行开启；后者平时用于正常的工作照明，一般装有开关，事故发生时强行开启。

疏散指示标志安装在建筑物的走廊、楼梯间及各种场馆、停车库等的疏散楼梯口、厅室出口和疏散通道，当火灾发生时，消防控制室工作人员根据火情开启相应的疏散指示标志，引导人们按照正确的疏散通道脱离火情。

9. 火灾自动报警控制器

火灾自动报警控制器是火灾自动报警系统的核心设备。它可向探测器供电，并具有下述功能：

（1）能接收火灾探测器和手动报警按钮发送来的报警信号，同时启动声光火灾警报装置，并能显示火灾的具体部位、记录报警信息。

（2）可通过自动消防灭火控制装置启动自动灭火设备和消防联动控制设备。

（3）自动监视系统的运行情况，当有故障发生时能自动发出故障报警信号，并同时显示故障点的位置。

10. 火灾联动控制盘

火灾联动控制盘设置在消防控制室，利用它可实现对气体灭火、排烟阀、防火卷帘门、风机、水泵、空调机组、动力和照明电源以及电梯归底等的自动和手动联动控制和操作。

11. 火灾应急广播系统

火灾应急广播系统在火灾发生时能起到及时组织人员疏散和通知有关救灾事项等极其重要的作用。发生火灾时，为了便于疏散和减少不必要的混乱，火灾事故广播系统发出的广播不能采用整个建筑物全部启动的方式，而仅向着火层及其上一层发出广播。

一般情况下，火灾事故广播系统与背景音乐合用扬声器，但要求火灾发生时，火灾事故广播能强行切入。

12. 消防电话

消防电话系统是一种供消防专用的通信系统。通过该系统可迅速实现对火灾的人工确认，并可及时掌握火灾现场情况及进行其他必要的通信联络，便于指挥灭火及恢复工作。

三、通信网络与信息网络系统

通信网络与信息网络系统是智能建筑中应用最为普遍的系统，目前已发展成为拥有电话通信系统、传真、移动通信系统、数据通信系统、会议电视系统、有线电视系统、综合业务数字网（ISDN）、卫星通信系统、宽带网等在内的多元通信系统。下面仅对目前智能建筑中常用的几种系统做一些介绍。

1. 电话通信系统

电话通信系统是通过话音进行信息传递和交换的通信系统，目前已成为人们日常生活和工作中不可缺少的一种信息交流系统。

一个完整的电话通信系统由传输系统、用户系统、信令系统和交换系统四部分构成。

（1）传输系统

从用户端到端局之间采用的传输介质以双绞线为主，两地端局之间则根据具体情况采用有线（电缆、光缆）、无线（卫星、微波）或混合传输方式。

（2）用户系统

主要指电话机，但随着通信技术的迅速发展，现在又增加了传真机、电传等许多新设备。

（3）信令系统

信令系统的作用是完成电话通信系统中各部分之间信息的正确传输和交换。它能够迅速、精确地在电话交换网络中的各部分之间传递命令信息，保持整个系统的协调性和一致性。

（4）交换系统

交换系统的主要设备是电话交换机，在智能建筑中一般采用程控数字交换机（PABX），它是接通电话用户之间通信线路的专用设备，是利用电子计算机进行控制的。

电话交换机的基本结构由话路系统和控制系统两大部分构成，如图2—3所示。

话路系统包括所有的提供电话接续任务的终端和交换设备。话路系统除了有交换网络这一核心部分，还包括用户电路、中继设备、信号设备等各种需要通过交换网络进行交换连接的终端。

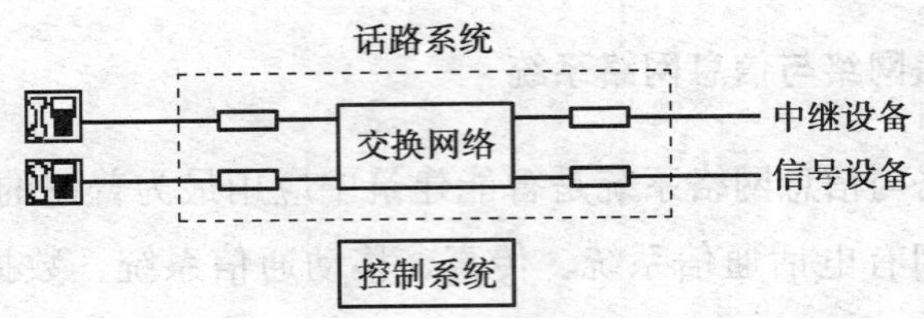

图 2—3　电话交换机基本结构

2. 计算机网络系统

所谓计算机网络系统，就是将地理位置不同且功能独立的多台计算机通过通信设备和线路相互连接起来，以功能完善的网络软件实现资源共享的系统。计算机网络系统是计算机技术与通信技术相结合的产物，是智能建筑中办公自动化系统和楼宇自动化系统的主要信息通道，是信息高速公路的基础。计算机网络的功能主要有以下几方面：

（1）资源共享

计算机网络的主要功能是实现资源共享，通过网络使网络中的资源得到充分利用。可以共享的资源包括硬件、软件和数据资源。

（2）数据通信

利用计算机网络可以实现计算机用户间的相互通信。这是一种全新的信息传递方式，具有速度快、费用低的特点，信息传递过程中不需要被传方同时开机在场。

（3）分布处理

在计算机网络中，可以将一个比较大的任务分解为若干个小任务，分散到多台网络计算机上进行处理。这种能力可以使在不同地点工作的人们共同完成同一个任务，既提高了工作效率，又减轻了系统的负担。

（4）提高可靠性

当网络中某一台计算机或设备发生故障时，可由网上其他的设备代为处理，保证网络用户的正常工作。因此，计算机网络具有较高的可靠性。

（5）综合信息服务

综合信息服务是计算机网络的基本功能。通过网络，人们可以搜集、处理各种图文、声音甚至视频信息，并进行信息传送。

3. 会议电视系统

会议电视系统是继电话会议系统之后发展的、更加先进的一种远程会议系统。它利用信号压缩及编解码处理技术、电视和计算机技术及相关设备，通过通信线路在两地或多地之间实现图像、语音、数据信号的交互式实时通信。

具体来说，会议电视系统就是利用摄像机和麦克风将一个地点的活动图像和声音实时地传至远端。还可利用图文摄像机、投影机和录像机等音、视频外围设备，传送实物图像、图样、文件和预先制作的视频资料。同样，远端的声音、图像也能够实时传至本端。

(1) 公用型会议电视系统

公用型会议电视系统主要由终端设备、传输信道以及多点控制单元MCU（Multipoint Control Unit，MCU）三部分组成。

1）终端设备公用型会议电视系统的终端设备主要有视频输入/输出设备、音频输入/输出设备、音频编解码器、视频编解码器、远程信息处理设备、复用/分接设备等。

2）传输信道公用型电视会议系统的信号传输都是利用现有的电信网络，既可采用光缆、电缆、微波及卫星等数字信道，也可采用其他类型的传输信道。在用户接入网的范围内，还可以采用 HDSL，ADSL 等设备进行传输。

3）多点控制单元设置在网络节点（汇接局）处，根据一定的准则对图像、语音、数据信号进行切换，供多个地点的会议同时进行相互间的通信。

(2) 桌面型会议电视系统

桌面型会议电视系统是一种基于计算机、多媒体以及计算机网络技术之上，并在智能建筑中广泛采用的电视会议系统。是在计算机的基础上再装上摄像机特定的多媒体接口卡、图像卡、输入/输出设备及相关的应用软件构成，除具备一般计算机的网络通信功能外，还具有视频图像、声音文字、数据资料等实时交互通信的能力。

4. ADSL 宽带接入技术

随着计算机的普及以及网络技术的日趋完善，Internet 得到了迅猛的发展，用户对网络带宽及速率也提出了更高的要求，促使网络由低速向高速、由窄带向宽带方向迅速发展。

目前出现了铜线接入技术、光纤接入技术、混合光纤同轴（HFC）接入技术等多种有线接入技术以及无线接入技术等。每种宽带接入方式都有其自身的特点，不同需要的用户可根据自己的实际情况做出合理的选择。

在我国，属于铜线接入技术的 ADSL（非对称数字环路）已成为市场的主流，几乎所有的城市都提供了 ADSL 接入服务。ADSL 是在普通电话线上传输高速数字信号的技术，它利用占全世界用户线 90%以上的电话线路，在普通电话用户端安装相应的 ADSL 终端设备，就可将用户终端接入系统。

5. 有线电视系统

有线电视系统是在共用天线电视系统的基础上发展起来的，由信号源、前端、干线传输和用户分配四个部分组成，如图 2—4 所示。

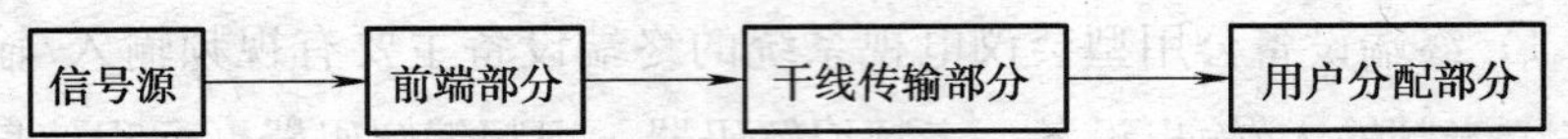

图 2—4　有线电视系统的组成

（1）信号源

有线电视系统的信号来源有两种途径：一种是从空间收集电视信号；另一种是电视台自办节目。空间电视信号分为广播电视信号、卫星电视信号和微波电视信号三种，可通过相应的接收设备接收；自办节目是电视台利用各种音像设备制作编辑和播放的节目。

（2）前端部分

系统前端部分的设备主要有电视接收天线、频道放大器、频率转换器、卫星电视接收设备、自播节目设备、导频信号发生器、调制器及混合器。

（3）干线传输部分

干线传输部分的主要设备是干线放大器，另外还有分支器、分配器和干线电缆等。

（4）用户分配部分

用户分配部分位于有线电视系统中的末端，主要设备有分配放大器、分支器、分配器、系统输出端及电缆线路等，其功能是将电视信号分配到每个用户，在分配过程中要保证每个用户的信号质量。

6. 卫星电视接收系统

卫星电视接收系统的基本组成框图如图 2—5 所示。

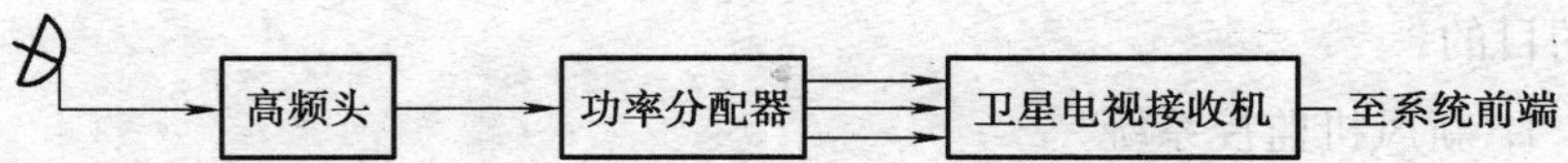

图 2—5　卫星电视接收系统基本组成框图

（1）卫星电视接收天线

卫星电视接收天线的作用是接收来自卫星转发器的电视信号并馈送到卫星电视接收机。卫星电视接收天线有抛物面天线、微带天线阵等形式。

（2）高频头

高频头又称“室外单元”，作用是将馈源送来的电视信号进行放大，变频为第一中频信号，然后送至功率分配器。

（3）功率分配器

功率分配器的作用是将一路输入信号分成几路输出，实现一副卫星接收天线同时接收多套电视节目。

（4）卫星电视接收机

卫星电视接收机的主要功能是将来自功率分配器的信号进行放大、变频和解调，输出音频和视频信号，送到系统前端。

四、建筑设备监控系统

建筑设备监控系统是一套中央监控系统（见图 2—6），它通过对建筑物（或建筑群）内的各种电力设备、空调设备、冷热源设备、给排水设备等进行集中监控，达到在确保建筑物内环境舒适、充分考虑能源节约和环境保护的条件下，使建筑物内的各种设备状态及利用率均达到最

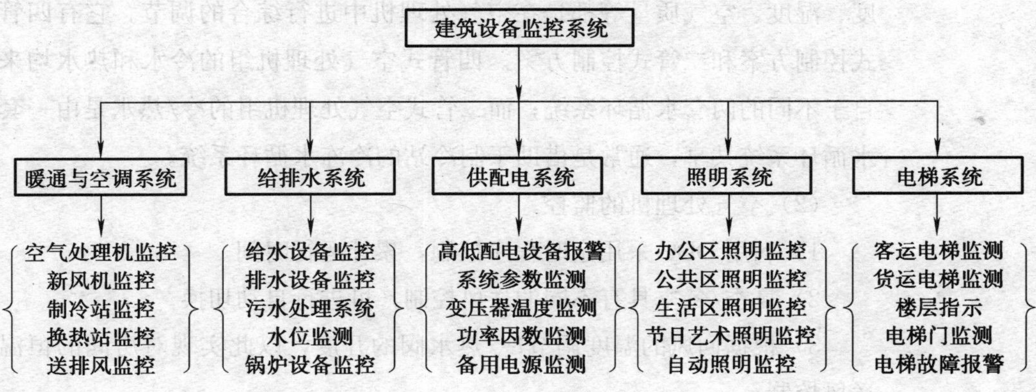

图 2—6　建筑设备监控系统的组成

佳的目的。

1. 新风机监控系统

（1）新风机功能

新风机主要用来给大楼内提供新风，通常由送风机、风机盘管、过滤网、防霜冻低温保护、加湿器、风阀及电动执行器、电动水阀以及相应的传感器等组成。它对房间的温度并不实施控制。新风机是采用定时送风的方式（属于开环控制），通常和末端风机盘管组合来完成大楼的空调控制。

（2）新风机的监控

1）对送风机的运行状态、手/自动状态、故障报警和启停控制进行监控。

2）对冷热水阀、加湿阀的开度进行监控。

3）实现过滤器阻塞时报警、防霜冻低温报警及保护、参数越限报警等。

4）实现送风机与新风阀以及风机和水阀的联锁控制。

5）实现对各种参数及数据的打印和管理。

2. 空气处理机监控系统

（1）空气处理机功能

空气处理机采用的是集中送风方式，主要为大楼在夏季提供冷风、冬季提供热风、春秋季提供新风。通常由送风系统（普通风机或变风量风机）、回风系统、新风系统、风机盘管、过滤网、防霜冻低温保护、加湿器、风阀及电动执行器、电动水阀以及相应的传感器等组成。风的温度、湿度、空气质量等都是在空气处理机中进行综合的调节。它有四管式控制方案和二管式控制方案。四管式空气处理机组的冷水和热水均来自于不同的两套水循环系统；而二管式空气处理机组的冷/热水是由一套水循环系统共享，通常是借助于制冷站的冷冻水循环系统。

（2）空气处理机的监控

1）利用 DDC 采用定时程序控制，累计运行时间。

2）夏季/冬季具有不同的送风控制，可进行自动切换。

3）根据回风的温度调节冷/热水阀的开度，以此实现对房间的恒温送风控制。

4）根据回风湿度调节加湿阀的流量开度，控制蒸汽的送给量。

5）根据室外温度和回风中 CO_2 的焓值，调整新风风阀的开度。

6）实现风机、冷/热水电动阀、加湿阀、新风风阀、回风风阀的联动。

7）新风风阀和回风风阀实施比例反向联动。

8）实现对各种参数及数据的打印和管理。

3. 制冷站、供热站监控系统

（1）制冷站的功能

制冷站在夏天为中央空调提供冷水，它由制冷机组、冷却水循环泵、冷却塔、冷冻水循环泵、补水泵、电动阀门及传感器等组成。制冷机组包括压缩机、冷凝器、蒸发器及其他辅助装置，冷冻循环水进入制冷机组后，经过释放其热量而达到降低水温的目的。制冷机组工作后，由于吸收了大量的热量，所以，由冷却循环水来为其降温。

1）冷水机组用来给空调冷冻水降温，在制冷站中通常配备两台以上的冷水机组（1 开 1 备）。一般情况下一台投入运行，两台冷水机组具有互备自投功能。夏季高温时，两台冷水机组全部投入运行。冷水机组的冷冻水入口处和冷却水入口处，装有电动蝶阀和水流开关，以控制水的流量和信号的检测。

2）冷冻水泵用来使冷冻水循环，通常配备三台以上的冷冻泵（2 开 1 备），实现并联运行。它将冷冻水送入冷水机组，由冷水机组出来的低温冷水进入负荷区，根据传感器采集到的信号，确定冷冻水泵运行的台数。在泵的出口管道中装有水流开关，以检测是否有水流流过。

3）冷却水泵用来使冷却水循环，通常配备三台以上的冷却泵（2 开 1 备），实现并联运行。它将冷却水送入冷水机组，带走冷水机组散出的热量，为了更好地为冷水机组散热，在冷却水回路中还装有冷却塔。根据传感器采集到的信号，确定冷却水泵运行的台数。在泵的出口管道中装有水流开关，以检测是否有水流流过。

4）冷却塔是为冷却水降温用的装置，它由喷淋塔和风机组成。通常也是配备两台以上，实现并联运行，根据冷却水的温度检测，来确定风机的投入台数。

（2）制冷站的监控

1）对冷水机组及电动蝶阀的运行状态、手/自动状态、故障报警和启停控制进行监控。

2）对冷冻水泵的运行状态、手/自动状态、故障报警及启停控制进行监控。

3）对冷却水泵的运行状态、手/自动状态、故障报警及启停控制进行监控。

4）对冷却塔风机及电动蝶阀的运行状态、手/自动状态、故障报警及启停控制进行监控。

5）对冷冻水、冷却水总供/回水管温度、压力、流量进行监测。

6）对冷冻水总供回水压差及旁通阀进行监测和调节。

7）对冷水机、冷却水、冷冻水的水流开关状态进行监测。

8）实现对各种参数及数据的打印和管理。

（3）供热站的功能

供热站专为大楼提供采暖或生活热水，它通常由锅炉（或集中供热网）、板式交换器、热泵、电动阀门及传感器等组成。板式交换器一次侧流入来自锅炉（或地热水源）的热水或蒸汽，二次侧热水借助于冷冻循环水管网向用户提供空调机组所需的热源，同时向生活区提供生活热水。供热站也可以采用直接由直燃炉向中央空调提供热水的供热方式。

1）热交换器是将由锅炉提供的一次过热蒸汽或热水（或是地热水源）转换成二次热水的装置，热交换是将一次和二次管道耦合在一起，通过冷热水的交换来产生热水。热交换器通常配备两台以上，达到运行和备用的目的。当一台出现故障时，另一台可以实现自动切换。系统通过监测一次和二次的温度、压力以及流量等参数，来控制热交换器投入运行的数量和二次热水循环泵的数量。

2）热泵机组是将流动的冷水直接通过由燃烧器加热的一种装置，它的优点是可以直接向大楼提供采暖或生活所用的热水。热泵机组通常配备两台以上，达到运行和备用的目的。一般情况下一台投入运行，两台热泵机组具有互备自投功能。系统通过监测二次的温度、压力以及流量等参数，来控制热泵机组投入运行的数量和二次热水循环泵的数量。

（4）供热站的监控

1）对热泵的运行状态、手/自动状态、故障报警和启停控制进行监控。

2）对板式换热器一次热水/蒸汽电动调节阀进行监控。

3）对板式换热器一次热水的压力、流量、温度进行监测。

4）对板式换热器二次热水出口的压力、流量、温度进行监测。

5）对热泵供水系统中的水流开关状态进行监测。

6）对热水泵与热交换器一次侧的热水/蒸汽电动调节阀实现联锁控制。

7）实现对各种参数及数据的打印和管理。

4. 送排风监控系统

（1）送排风的功能

大楼内的送排风分正常送排风和火灾时加压送风、防排烟等。正常送排风的风机由DDC实现启停控制（通常是检测CO，CO_2的浓度或是采取定时控制）。加压送风、防排烟是在发生火灾时由消防值班室控制操作。送排风主要是保证大楼内空气的流通。

（2）送排风系统的监控

1）对送风机、排风、排烟机的运行状态、手/自动状态、故障报警及启停控制进行监控。

2）对地下室的CO，CO_2浓度进行监测并实现间歇送排风（火灾时完全由消防控制室控制）。

3）实现对各种参数及数据的打印和管理。

5. 给排水监控系统

（1）给排水系统的功能

给排水系统是建筑物中的一个重要系统，主要功能是对大厦生活用水、消防用水、污水、冷冻水箱等给排水装置进行自动控制，以达到供水量和需水量、来水量和排水量之间的平衡，实现泵房的最佳运行，实现高效率、低能耗的最优化控制。

给水系统设备主要有：地下储水池（无负压罐）、生活给水泵、气压装置、消防给水泵。排水系统设备主要有：排水水泵、污水集水井、废水集水井等。

（2）给排水系统的监控

1）对储水池、污水池实现高、低液位的监测。

2）对给水系统实现多泵下的恒压供水监控。

3）对消防泵的运行状态、手/自动状态、故障报警和启停控制进行监控。

4）对排污泵实现互备自投和运行状态、手/自动状态、故障报警和启停控制进行监控。

5）对二次供水的管网压力、流量进行监测。

6）实现对各种参数及数据的打印和管理。

6. 供配电监控系统

（1）供配电的功能

供配电系统是对大楼内实施供配电的重要环节，它包括高、低压供配电系统、计算机不间断UPS电源系统、变压器、二次继电保护等。供配电系统中的主要参数包括电流量、电压量、有功电度、无功电度、功率因数、变压器温度等。

（2）供配电系统监测

1）高压进线开关柜之开关状态及故障报警。

2）低压进线开关柜之开关状态及故障报警。

3）低压重要回路之开关状态及故障报警。

4）变压器油温度、高温报警、故障报警。

5）发电机之运行状态及故障报警。

6）高压或低压侧电压、电流、有功功率、无功功率、功率因数、用电量的监测。

7）计算机UPS电源工作状态的监控。

8）实现对各种参数及数据的打印和管理。

7. 照明监控系统

（1）照明系统的功能

大楼内照明通常由办公照明、公共照明、生活照明、室内景观照明、应急照明等构成，各类照明在不同的时间段和不同的场合投入运行。照明是大楼内主要的耗电分支之一，合理地分配照明将大大地节约电能，这也是很多建筑物采用智能化管理的原因之一。

（2）照明系统的监控

1）对办公照明的运行状态、手/自动状态、故障报警及启停控制进行监控。

2）对公共照明的运行状态、手/自动状态、故障报警及启停控制进行监控。

3）对生活照明的运行状态、手/自动状态、故障报警及启停控制进行监控。

4）对应急照明的运行状态、故障报警及启停控制进行监控。

5）对重要区域的照度进行监测。

6）实现对各种参数及数据的打印和管理。

8. 电梯监控系统

（1）电梯系统的功能

电梯是大楼内的主要交通工具，它肩负着对人员和物资的运输，大楼内的电梯主要包括客用电梯、货用电梯、电动扶梯、消防电梯等。

（2）电梯系统的监控

1）对各种电梯的运行状态、手/自动状态、故障报警进行监测。

2）实现在特殊情况下对各种电梯的启停控制。

3）对各种电梯的楼层指示、电梯门的状态进行监测。

4）实现对各种参数及数据的打印和管理。

五、安全防范系统

安全防范系统是指以维护公共安全为目的，综合运用技防产品和相关科学技术、管理方式所组成的公共安全防范体系。它包括入侵报警系统、视频监控系统、出入口控制系统、电子巡更系统和停车场管理系统等多种防范系统。各种系统可以单独使用，也可以联动，目前在智能建筑中应用非常广泛。

1. 入侵报警系统

报警系统是指当有入侵者入侵防范区域时，能够及时发出报警信号的专用电子系统。它能够根据现场的实际情况，使用不同的信号探测器来进行周界防护和定位保护。

入侵报警系统由探测器、传输系统和报警控制器组成，在入侵报警系统中，探测器安装在防范现场，来探测和预报各种危险情况。当有入侵发生时，发出报警信号，并将报警信号经传输系统发送到报警控制器。

信号传输系统的信道种类极多，通常分有线信道和无线信道。有线信道常使用双绞线、电话线、同轴电缆或光缆传输探测电信号。而无线信道则是将探测电信号调制到规定的无线电频段上，用无线电波传输探测电信号。

由信号传输系统送到报警控制器的电信号经控制器作进一步的处理，以判断“有”或“无”危险信号。若有情况，控制器就控制报警装置发出声光报警信号，引起值班人员的警觉，以采取相应的措施；或者直接向公安保卫部门发出报警信号。

2. 视频监控系统

视频监控系统是电视技术在安全防范领域的应用，是一种先进的、安全防范能力极强的综合系统。它的主要功能是通过摄像机及其辅助设备来监控被控现场，并把监测到的图像、声音内容传送到监控中心。目前已广泛应用到金融、交通、商场、医院、住宅小区、写字楼及工厂等各个领域，是现代化管理、监测、控制的重要手段，也是智能建筑的一个重要组成部分。

视频监控系统一般由摄像、传输分配、控制、图像显示与记录四个部分组成。系统通过摄像部分把所监视目标的光、声信号变成电信号，然后送入传输分配部分。传输分配部分将摄像机输出的视频（有时包括音频）信号馈送到中心机房或其他监视点。系统通过控制部分可在中心机房通过有关设备对系统的摄像和传输分配部分的设备进行远距离控制。系统传输的图像信号可依靠相关设备进行切换、记录、重放、加工和复制等处理。摄像机拍摄的图像则由监视器重现出来。

3. 出入口控制系统

出入口控制系统即门禁管理系统，是用来控制进出建筑物或一些特殊的房间和区域的管理系统。出入口控制系统采用个人识别卡方式，给每个有权进入的人发一张个人身份识别卡，系统根据该卡的卡号和当前的时间等信息，判断该卡持有人是否可以进出。在建筑物内的主要管理区、出入口、电梯厅、主要设备控制中心机房、贵重物品的库房等重要部位的通道口安装上出入口控制系统，可有效控制人员的流动，并能对工作人员的出入情况做及时的查询，同时系统还可兼作考勤统计。如果遇到非法进入者，还能实时报警。

出入口控制系统主要由识别卡、读卡器、控制器、电磁锁、出门按钮、钥匙、指示灯、上位 PC 机、通信线缆、门禁管理软件（若用户需要）等组成。

读卡机、电子门锁、出口按钮等，主要用来接受人员输入的信息，经控制器接收和处理后发出控制信号，完成开锁、闭锁等工作。控制器可以单独使用，也可以进行联网使用。计算机装有系统的管理软件，它管理着系统中所有的控制器，向它们发送命令，对它们进行设置，接收其发来的信息，完成系统中所有信息的分析与处理。

4. 电子巡更系统

巡更系统是在指定的巡逻路线上安装巡更按钮或读卡器，保安人员在巡逻时借助于无线巡更棒依次再输入信息，输入的信息及时传送到控制中心。控制中心的计算机上设有巡更系统管理程序，可设定巡更线路和方式。保安人员在规定的巡逻路线上巡逻时，在指定的时间和地点向中央控制站发回信号以表示正常。如果在指定的时间内，信号没有发到中央控制站，或不按规定的次序出现信号，系统将认为异常。有了巡更系统后，若巡逻人员出现问题或危险，如被困或被杀，会很快被发觉，从而增加了大楼的安全性。

巡更系统还可帮助管理人员分析巡逻人员的表现。管理人员可以随时在计算机中查询保安人员巡逻情况、打印巡检报告，并对失盗失职现象进行分析。

5. 停车场管理系统

停车场管理系统是利用高度自动化的机电设备对停车场进行安全、快捷、高效的管理。利用该系统可减少人工参与和人为失误，提高停车场的使用效率。

停车场管理系统由车辆自动识别系统、收费系统、保安监控系统组成。通常包括控制计算机、自动识别装置、临时发票发放及检查装置、挡车器、车辆探测器、监控摄像机、车位提示牌等设备。

(1) 控制计算机

控制计算机是停车场自动出入管理系统自动控制的中枢，它负责整个系统的协调与管理，既可以独立工作构成停车场管理系统，也可以与其他计算机网相连，组成一个更大的自控装置。

(2) 车辆的自动识别装置

停车场自动管理的核心技术是车辆自动识别。车辆自动识别装置一般采用卡识别技术，现在大多使用非接触型卡，从而提高了识别速度。

(3) 临时车票发放及检验装置

此装置是为临时停放的车辆准备的，设在停车场的出入口处，能够为临时停放的车辆自动发放临时车票，记录车辆进入的时间，并在出口处收费。

(4) 挡车栏杆

在每个停车场的出入口处都安装挡车栏杆，它受系统的控制升起或落下，只对合法车辆放行，防止非法车辆进出停车场。

（5）车辆探测器和车位提示牌

车辆探测器一般设在出入口处，对进出车场的每辆车进行检测、统计。将车辆进出车场数量传送给控制计算机，通过车位提示牌显示车场中车位状况，并在车辆通过检测器时控制挡车栏杆落下。

（6）监控摄像机

在车场进出口等处设置电视监视摄像机，将进入车场的车辆输入计算机。当车辆驶出出口处时，验车装置将车卡与该车进入时的照片同时调出，检查无误后放行，这样可避免车辆丢失。

第三章

智能楼宇电气基础知识

第一节　楼宇电气控制

一、常用低压电器

低压电器被广泛应用于工业电气和建筑电气控制系统中，它是实现继电——接触器控制的主要电气元件。

1. 常用低压电器的分类

常用低压电器是按照电器的工作电压等级进行划分的。通常将工作电压为直流 1 200 V、交流 1 000 V 以下的电气元件称为低压电器。

电器是用来完成对被控对象实施控制、调节、检测和保护等作用的电气设备（器件）的总称，主要应用于电能的产生、输送、分配和电气控制。

低压电器由低压配电电器和低压控制电器两类组成。在我国，低压电器目前有国企产品、合资产品、进口产品。相比之下，进口和合资的产品价格偏高。现在国产品牌大多都经过了 ISO 9002 的质量认证，在质量上也很过关，具有很高的性能价格比。

（1）低压配电电器的分类

低压配电电器包括断路器、漏电保护器、熔断器、刀开关、转换开关等，主要用来实现电能的分配和电气保护（短路、过载、欠压、防漏电等）。

（2）低压控制电器的分类

低压控制电器包括接触器、继电器、启动器、控制器、主令电器、电阻器、变阻器、电磁铁等，主要用来实现电路的接通和断开（实现被控对象的运行和停止）。

2. 低压断路器

低压断路器是用于线路和设备保护的电气产品，它具有短路、过载、欠压等保护功能。低压断路器按种类划分有保护配电线路、保护电动机、保护照明负载和漏电保护四种用途，按结构划分有框架式和装置式。

（1）低压断路器的组成

低压断路器主要由触头系统、灭弧装置、操作机构以及各种脱扣机构组成，如图 3—1 所示。

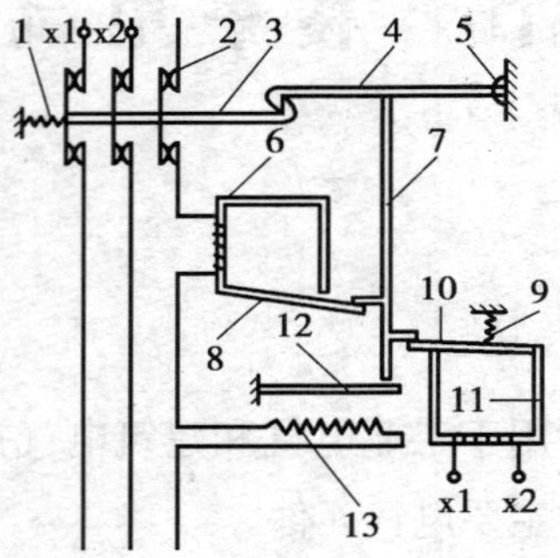

图 3—1　低压断路器组成图

1—弹簧　2—主触头　3，4，5—自由脱扣机构　6，8—电磁脱扣器　7—主杠杆　9，10，11—欠压脱扣器　12，13—过载脱扣器

1）触头系统和灭弧装置。触头系统是低压断路器的执行机构，主触头用于实现主电路的接通和断开，其配套的辅助触头用于控制电路中的联锁控制。灭弧装置用于主触头的熄弧。

2）操作机构和自由脱扣机构。操作机构和自由脱扣机构是低压断路器的机械传动部分，主要实现低压断路器主触头和辅助触头的接通和断开，其操作方法有手柄操作、杠杆操作、电磁铁操作和电动机操作。低压断路器的自动脱扣由短路、过载、欠压三种保护装置实现，当电路传来故障信号时，相应的脱扣装置动作，最终顶主杠杆上移。主杠杆驱动自由脱扣机构而使其挂钩摘除，主触头靠反力弹簧的作用实现分断，电路得到保护。

3）电磁脱扣器。电磁脱扣器由开口铁心和励磁线圈组成，如图 3—1 所示。主触头闭合后，工作电流流过主触头和电磁脱扣器的励磁线圈，当电路正常工作时（工作电流不大于电磁脱扣器整定的电流值），电磁脱扣器的衔铁不吸合；电路发生短路故障时，电路中的短路电流会剧增（一般是工作电流的 5～7 倍、10～14 倍），电磁脱扣器的衔铁吸合并推动主杠杆上移，主杠杆驱动自由脱扣机构使低压断路器分断。短路时，其动作是靠电磁力的影响，所以动作时间很快。分断时间应在 0.02 s 以内完成。

4）过载脱扣器。过载脱扣器由发热元件和双金属片组成。主触头闭合后，工作电流流过加热元件，当电路正常工作时（工作电流不大于过载整定的电流值），双金属片虽发生变形，但不足以推动主杠杆。电路发生过载故障时，发热元件产生的热量增加，致使双金属片发生较大的变形并推动主杠杆上移，主杠杆驱动自由脱扣机构使低压断路器分断。过载时，发热元件和双金属片的动作受惯性的影响而不能瞬间动作，其动作时间和当前电流值成反时限特性。

5）欠压脱扣器。欠压脱扣器由开口铁心和励磁线圈组成。当有外电压时（电压应来自主触头的上口），欠压脱扣器的励磁线圈有电流流过，衔铁吸合且不影响低压断路器的正常分断；当外电压失压或电压偏低时，衔铁释放并推动主杠杆上移，主杠杆驱动自由脱扣机构使低压断路器分断，此时低压断路器不能接通。

（2）低压断路器的型号种类

低压断路器的结构和型号种类很多，目前我国常用的有 DW 和 DZ 系列。DW 型也叫万能式空气开关，DZ 型叫塑料外壳式空气开关，其产品代号含义如下：

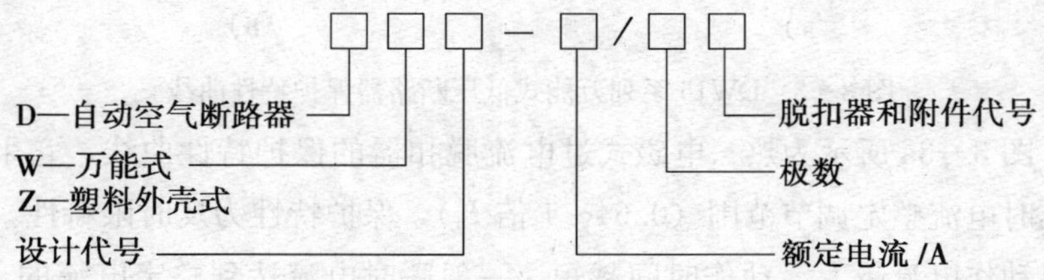

应注意的是，不同型号的低压断路器分别具有不同的保护机构和参数的整定方法，使用时应根据电路的保护要求选择其型号并进行参数的整定。

（3）万能式低压断路器

DW16 系列万能式低压断路器适用于交流 50 Hz、额定电流 100～4 000 A、额定工作电压 400 V 或 690 V 的配电网中。可实现电能的分配，保护线路和电源设备的过载、欠电压、短路。额定电流 160～690 A 的断路器也可作为变压器中性点直接接地的 TN 电网中单相金属性对地短路保护之用，还可在交流 50 Hz，380 V 网络中用作电动机的不频繁启动及过载、欠电压和短路保护之用。DW16 型万能式低压断路器结构如图 3—2 所示，保护特性曲线如图 3—3 所示。

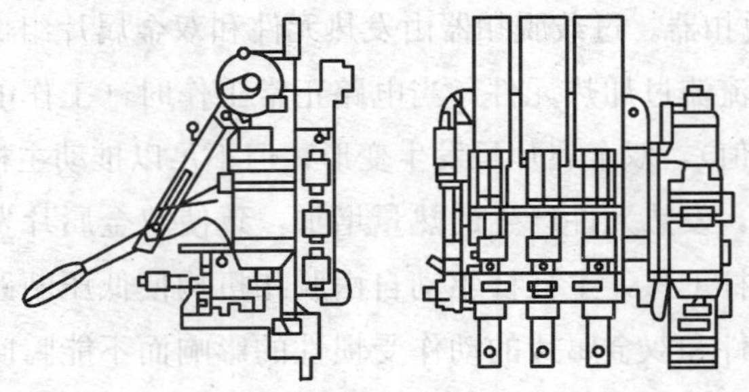

图 3—2　DW16 系列万能式低压断路器结构

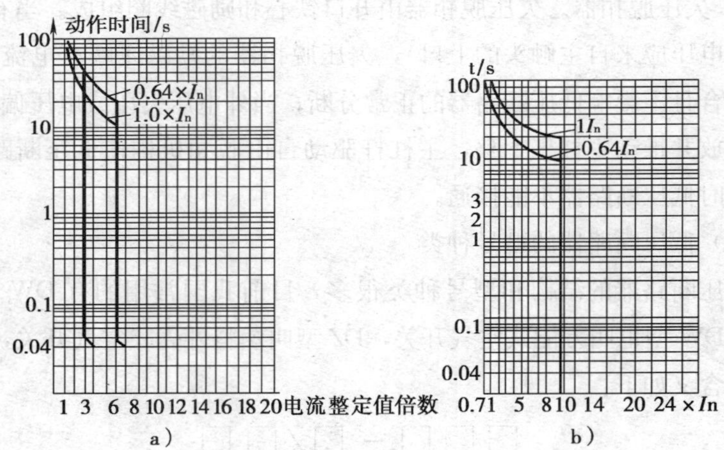

图 3—3　DW16 系列万能式低压断路器保护特性曲线

图 3—3a 所示为热—电磁式过电流脱扣器的保护特性曲线，它采用长延时电流整定调节范围（0.64～1 倍 I_n），保护特性为反时限特性，即瞬时动作电流越大，动作时间越短。一般瞬时电流达到整定电流的 1.2 倍时，动作时间应不大于 20 min，瞬时电流达到整定电流的 1.5 倍时，动作时间应不大于 2 min。它只能用来保护电动机的过载。

图 3—3b 所示为保护电动机用过电流的保护特性曲线，它采用的是

瞬时过电流整定调节，调节范围为 10 倍 I_n，当瞬时电流达到电磁脱扣器整定电流的 10 倍时，动作时间应不大于 0.02 s。一般用作电动机的短路保护。

DW16 断路器的操作有手动、杠杆传动和电动三种方式。电磁式瞬间过电流脱扣器实现短路保护，过载长延时脱扣器由电流互感器和双金属片组合后实现过载保护，断路器的主触头选用特殊的合金材料，灭弧罩采用耐弧塑料和栅片灭弧方式，提高了断路器的短路分断能力和抗熔焊性能。DW16 断路器的技术参数见表 3—1。

表 3—1　　DW16 系列万能空气断路器的技术参数

型号	触点额定最大电流/A	额定工作电流 I_n/A	额定工作电压 U_e/V	脱扣电流整定倍数					机械寿命
				热—电磁式		电磁式	保护电动机	接地	
				长延时	瞬时	瞬时			
DW16—630	630	100，160，200，250，315，400，630							10 000 次 630A
DW16—2000	2 000	800，1 000，1 600，2 000	400 690	0.64～1	3～6	1～3	5～10	0.25～0.5	5 000 次 2 000 A
DW16—4000	4 000	2 500，3 200，4 000							3 000 次 4 000 A

（4）塑料外壳式低压断路器

C32 型系列断路器适用于交流 50 Hz、额定电流 1～63 A、额定工作电压 380（400）V 及以下的电路中。在民用低压配电中有很大的用量，另外，也可以作为电动机的不频繁启动。C32 型断路器的技术参数见表 3—2。

表 3—2　　C32 系列塑料外壳式低压断路器的技术参数

型号	最大电流/A	额定电流 I_n/A	额定电压 U_e/V	脱扣电流整定倍数		机械寿命通—断	可配附件
				C 型	D 型		
C32N 1 极、2 极、3 极、4 极	63	1，2，3，4，6，10，16，20，25，32，40，50，63	380	5～10	10～14	20 000 次	SD，OF，MX+OF，MN

塑料外壳式低压断路器目前种类很多，有 C32，C45，C65，NSC，3VE，TO，TG，H 等系列。塑料外壳式低压断路器同样具有过载、短

路保护功能，一般欠电压保护是作为附件进行配置的。在电动机保护控制电路中，可以由断路器来完成电动机的过载保护，而不需要再另加热继电器，但也有的用户在使用过程中，为了保险而重复加入热继电器。热过载保护采用的是加热元件和双金属片的组合。

塑料外壳式低压断路器分 1 极、2 极、3 极、4 极和 3 极整体式，可直接安装在控制板上，也可通过 35 mm 标准卡轨进行卡接安装。

(5) 低压断路器的容量选择

低压断路器的容量选择要综合考虑短路、过载时的保护特性。

1) 单台电动机的过流保护应按下式计算

$$I_{SZD} \geqslant K I_{SN}$$

式中 I_{SZD}——瞬时或短时过电流脱扣器整定电流值 (A)；

K——可靠系数，对动作时间大于 0.02 s 的断路器，K 取 1.35，对动作时间小于 0.02 s 的断路器，K 取 1.7～2.0；

I_{SN}——电动机的启动电流 (A)。

2) 多台电动机的过流保护应按下式计算

$$I_{SZD} \geqslant 1.35(I_{SNMAX} + \sum I)$$

式中 I_{SNMAX}——最大的电动机启动电流 (A)；

$\sum I$——其余电动机工作电流之和 (A)。

3) 单台电动机的过载保护应按下式计算

$$I_{gzd} > K I_{js}$$

式中 I_{gzd}——过载电流的整定值 (A)；

K——可靠系数，一般取 0.9～1.1；

I_{js}——线路的计算电流或实际电流 (A)。

欠电压保护是保护当加在电气设备上的工作电压为零或过低时，防止电气设备损坏的一种保护措施。当线路的实际电压低于额定电压 15% 时，低压断路器将跳闸。

3. 漏电保护器

漏电保护器是用于保护人体防止触电和保护电气设备避免发生火灾的保护电器。漏电保护器分单独器件和组合器件两种，组合器件主要是和低压断路器组合。

漏电保护器按动作原理分为电压型、电流型和脉冲型，按结构分为电磁式和电子式，目前常用的是电流型。漏电保护器的工作原理如图 3—4 所示。

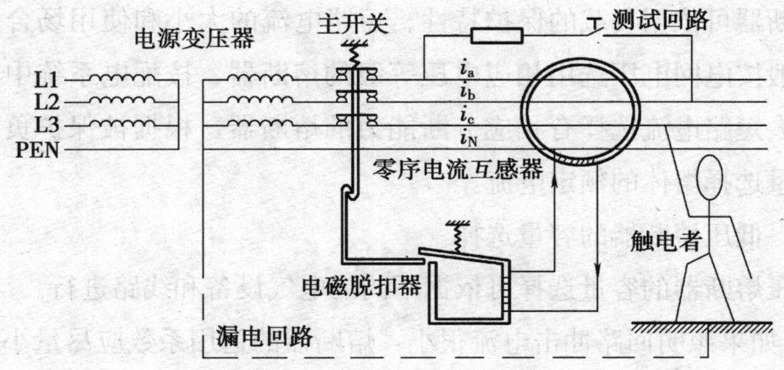

图 3—4 漏电保护器工作原理图

在图 3—4 中，通过检测穿过零序电流互感器的 3 根相线和 1 根 N 线的电流相量之和是否达到漏电保护器的动作电流值来决定其是否脱扣。对于正常工作的三相四线配电系统，不论其所带负载如何，均有 $i_a+i_b+i_c+i_N=0$，漏电保护器不动作。一旦发生接地故障时，故障相有一部分电流经故障点流入大地，此时零序电流互感器内电流相量之和不等于零，即 $i_a+i_b+i_c+i_N\neq0$，漏电保护器动作，切断故障回路，从而保证人身安全。

漏电保护器的额定漏电流有 10 mA，30 mA，50 mA，100 mA，300 mA，500 mA，其中 10 mA 用来保护动物、儿童、浴室、游泳池、医院中外科手术器械等，30 mA 是用来保护正常人的生命安全，50 mA 以上主要用来保护设备和厂房避免发生火灾。漏电保护器应每隔 6 个月进行一次性能指标测试，测试应使用专用测试仪器。不合格的漏电保护器可以降级使用。

4. 低压熔断器

低压熔断器是一种结构简单、价格便宜、使用方便的保护电器，主要用于配电线路和电动机的快速过载和短路保护。低压熔断器由熔断管、熔体和插座三部分组成。当瞬时电流超过规定值并经过足够时间后，使熔体熔化。低压熔断器一般串接在电气回路中，当熔体熔断后，回路开路，电气设备从电源中分离出来，从而起到保护作用。

低压熔断器有螺旋式、无填料管式、有填料管式、瓷插式等。这些通常在低压电气控制回路中选用，半导体元件、可控硅元件、大功率晶体管的短路保护通常选用快速熔断器来作保护。

（1）低压熔断器的选择类型

熔断器可依据负载的保护特性、短路电流的大小和使用场合进行选择。一般按电网电压选用相应电压等级的熔断器、按配电系统中可能出现的最大短路电流选择有相应分断能力的熔断器，根据被保护负载的性质和容量选择熔体的额定电流。

（2）低压熔断器的容量选择

低压熔断器的容量选择可依据不同的电气设备和线路进行。

1）如果照明回路冲击电流很小，熔断器的选用系数应尽量小一些。

$$I_{RN} \geqslant I \text{ 或 } I_{RN} = (1.1 \sim 1.5) I$$

式中 I_{RN}——熔体的额定电流（A）；

I——电器的实际工作电流（A）。

2）如果单台电动机负载电气回路中有冲击电流，熔断器的选用系数应尽量大一些。

$$I_{RN} \geqslant (1.5 \sim 2.5) I$$

3）多台电动机负载电气回路中，应考虑电动机有同时启动的可能性，熔断器的选用应按下列原则选用。

$$I_{RN} = (1.5 \sim 2.5) I_{Nm} + \sum I_N$$

式中 I_{Nm}——设备中最大的一台电动机的额定电流（A）；

I_N——设备中去除最大一台电动机后，其他电动机的额定电流之和（A）。

在选用低压熔断器时应严格注意级间的保护原则，切忌发生越级保护的现象。选用中，除了依据供电回路短路电阻外，还应适当地考虑上下级的级差，一般控制在 1～2 个级差。

5. 交流接触器

交流接触器可以完成对电气设备的频繁操作控制，通常由主令电器进行远距离的操作控制。交流接触器由主触头、辅助触点、铁心、衔铁、线圈、弹簧、拉杆等组成。其结构如图 3—5 所示，原理如图 3—6 所示。

（1）交流接触器的结构和工作原理

交流接触器采用电磁控制结构，主要由电磁机构、主触点、辅助触点、灭弧装置三部分组成。主触点用来接通电气控制主路；辅助触点接

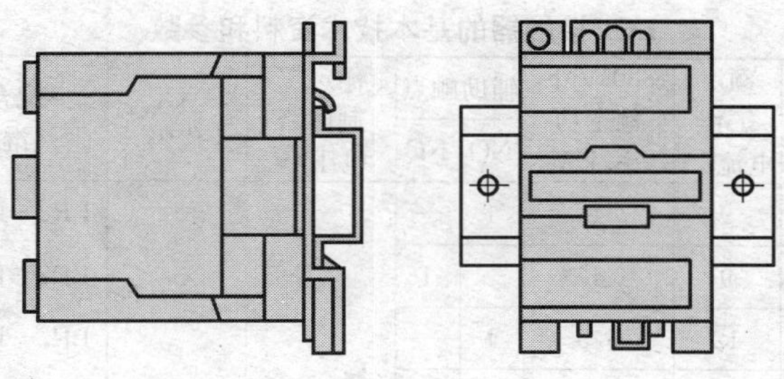

图 3—5　交流接触器外形结构图

在控制电路中，完成相应的自锁、互锁、联锁等控制。

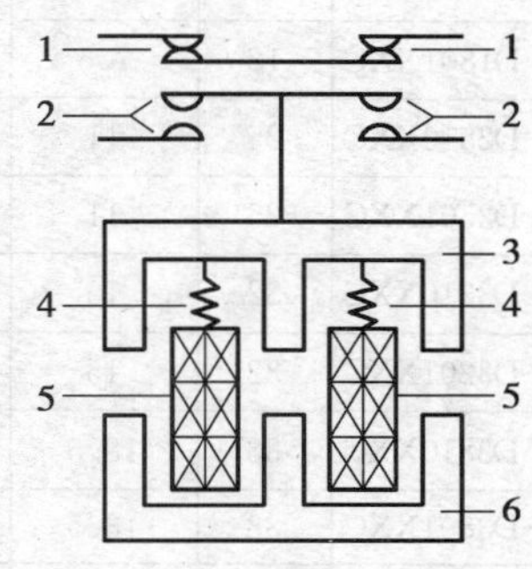

图 3—6　电磁操作机构原理图

1—常闭触头　2—常开触头　3—动铁心

4—反力弹簧　5—线圈　6—静铁心

在交流接触器的电磁操作机构中，动铁心连接着主触头，励磁线圈没有得电时，反力弹簧推动动铁心并使主触头和辅助触头中的常开触点处于断开位置。当励磁线圈得电后，电磁力克服弹簧力后拉动动铁心下移，吸向静铁心，同时动铁心带动主触头和辅助触头中的常开触点闭合，辅助触头中的常闭触点断开。

目前国内厂家生产的交流接触器品牌很多，下面就以施耐德的 LC1 系列交流接触器为例加以介绍 。其产品代号含义如下：

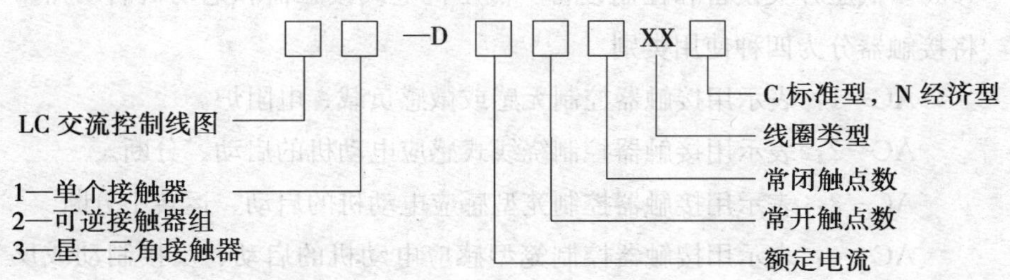

（2）交流接触器的主要技术参数

在表 3—3 中，LC1 接触器的基本技术资料是正确选择接触器的依据，其主要技术指标有主触头上允许的额定电压和额定电流、励磁线圈的额定电压、分断的能力、额定操作频率、机械操作次数和电气寿命、额定工作制等。

（3）交流接触器的使用类别和选用

表 3—3　　　　**LC1 接触器的基本技术资料和参数**

型号	额定工作电流/A	380 V下额定功率/kW	辅助触点		额定控制回路电压/V	XX代码	配合的热继电器	质量/kg
			NO	NC				
LC1—D0910XXC	9	4	1	—	24，36，42，48，110，220，230，240，380，400，415，440，500，660	B5，CC5，D5，E5，F5，M5，P5，U5，Q5，V5，N5，R5，S5，Y5	LR2—D1301C	0.320
LC1—D0901XXC	9	4	—	1			LR2—D1302C	0.320
LC1—D1210XXC	12	5.5	1	—			LR2—D1303C	0.320
LC1—D1201XXC	12	5.5	—	1			LR2—D1304C	0.320
LC1—D1810XXC	18	7.5	1	—			LR2—D1305C	0.350
LC1—D1801XXC	18	7.5	—	1			LR2—D1306C	0.350
LC1—D2510XXC	25	11	1	—			LR2—D1307C	0.505
LC1—D2501XXC	25	11	—	1			LR2—D1308C	0.505
LC1—D3210XXC	32	15	1	—			LR2—D1310C	0.525
LC1—D3201XXC	32	15	—	1			LR2—D1312C	0.525
LC1—D3810XXC	38	18.5	1	—			LR2—D1314C	0.555
LC1—D3801XXC	38	18.5	—	1			LR2—D1316C	0.555
LC1—D4011XXC	40	18.5	1	1			LR2—D3322C	1.150
LC1—D5011XXC	50	22	1	1			LR2—D3353C	1.150
LC1—D6511XXC	65	30	1	1			LR2—D3355C	1.150
LC1—D8011XXC	80	37	1	1			LR2—D3357C	1.500
LC1—D9511XXC	95	45	1	1			LR2—D3359C	1.500

在使用过程中，可依据手册中的具体参数选用。根据 GB 14084.4—1993《低压开关设备和控制设备—低压机电式接触器和电动机启动器》，将接触器分为四种使用类别。

AC—1：表示用接触器控制无感或微感负载、电阻炉。

AC—2：表示用接触器控制绕线式感应电动机的启动、分断。

AC—3：表示用接触器控制笼型感应电动机的启动、运转中分断。

AC—4：表示用接触器控制笼型感应电动机的启动、反接制动或反向运转、点动。

选用交流接触器时，通常负载的额定电流应为接触器额定电流的70％～80％，同时应注意接触器的安装形式、主路参数、控制参数、辅助参数。控制频繁启动或反接制动时接触器额定电流应降低一级，接触器要根据电动机的不同工作制（长期、短时，反复短时）来确定。

6. 继电器

继电器是实现电气电路中的自动控制和保护电力装置的电气元件，它的表现形式主要是接通或断开控制电路。继电器的种类很多，按输入信号的性质分有：电压继电器、电流继电器、时间继电器、温度继电器、速度继电器、压力继电器等；按工作原理分有：电磁式继电器、感应式继电器、电动式继电器、热继电器和电子式继电器等；按输出形式分有：有触点继电器和无触点继电器两类；按用途分有：控制用继电器和保护用继电器。

继电器除了输入信号受电信号控制外，还有一些非电量的控制信号，如温度、压力、流量、速度等。本书仅介绍电气控制信号的继电器。

（1）电磁式继电器

电磁式继电器是应用得最早、最多的一种继电器，其结构及工作原理与接触器大体相同。它由电磁系统、触点系统和释放弹簧等组成。电磁式继电器结构如图 3—7 所示。由于继电器用于控制电路，流过触点的电流比较小（一般 5 A 以下），故不需要灭弧装置。

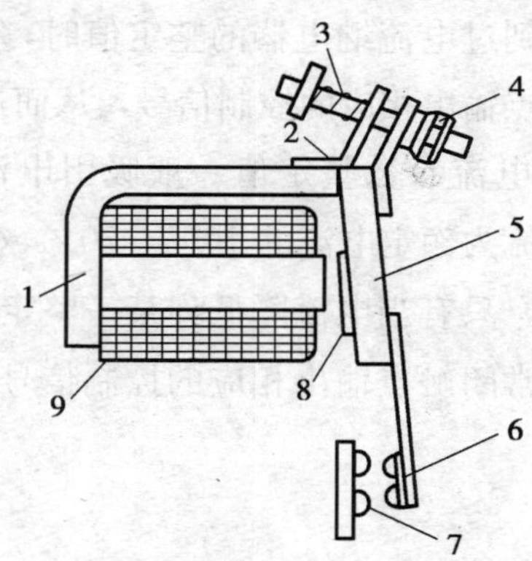

图 3—7　电磁式继电器结构

1—铁心　2—旋转棱角　3—释放弹簧　4—调节螺母　5—衔铁
6—动触点　7—静触点　8—非磁性垫片　9—线圈

电磁式继电器的特性是指继电器接通和断开时的特性，当继电器线圈得到额定电压时，电磁机构带动衔铁使其触点动作，线圈失电后靠反力弹簧使触头回位。

电磁式继电器的主要技术参数有触头的额定电压和额定电流、线圈的控制电压、动作参数、整定值、动作时间等。

（2）电压继电器

电压继电器是用于电气设备或电动机免于过电压和欠电压的一种保

护电器器件。将电压继电器线圈并联接在主电路中，感测主电路的线路电压。电压继电器的过电压参数整定值一般为被保护线路额定电压的1.05～1.2倍。当被保护线路电压正常时，衔铁不动作，被保护线路电压高于额定值，达到过电压继电器的整定值时，衔铁吸合，触点机构动作，常开和常闭触点输出相应的控制信号，从而达到保护的作用。

电压继电器的欠电压参数整定值一般为被保护线路额定电压的0.1～0.6倍。当被保护线路电压正常时，衔铁可靠吸合，被保护线路电压降至欠电压继电器的释放整定值时，衔铁释放，触点机构复位，常开和常闭触点复位，从而达到保护的作用。

（3）电流继电器

电流继电器是用于电气设备或电动机免于过电流和欠电流的一种保护电气元件。将电流继电器线圈串接在主电路中，感测主电路的工作电流，电流继电器的过电流参数整定值一般为被保护线路额定电流的1.1～4倍。当被保护线路中电流正常时，衔铁不动作，被保护线路中的电流高于额定值，达到过电流继电器的整定值时，衔铁吸合，触点机构动作，常开和常闭触点输出相应的控制信号，从而达到保护的作用。

电流继电器的欠电流参数整定值一般吸引电流为线圈额定电流的30％～65％，释放电流为额定电流的10％～20％，因此，在电路正常工作时，衔铁是吸合的，只有当电流降低到某一整定值时，衔铁释放，触点机构动作，常开和常闭触点输出相应的控制信号，从而达到保护的作用。

（4）时间继电器

时间继电器是接通控制信号后，触点延时接通或断开的自动控制电器，其控制原理有空气阻尼式、电磁式、电动式和晶体管式等。

1）空气式时间继电器是利用空气阻尼原理获得延时的（见图3—8）。它由电磁系统、延时机构和触点三部分组成，电磁机构为直动式双E型，触点系统是借用LX5型微动开关，延时机构采用气囊式阻尼器。空气阻尼式时间继电器一般和控制继电器组合在一起使用，既具有由空气室中的气动机构带动的延时触点，也具有由电磁机构直接带动的瞬动触点。

在图3—8中，当时间继电器线圈得电吸合时，衔铁受电磁力的作用上移并带动推板联动，从而不再压迫活塞杆而产生一定的上移空间。此

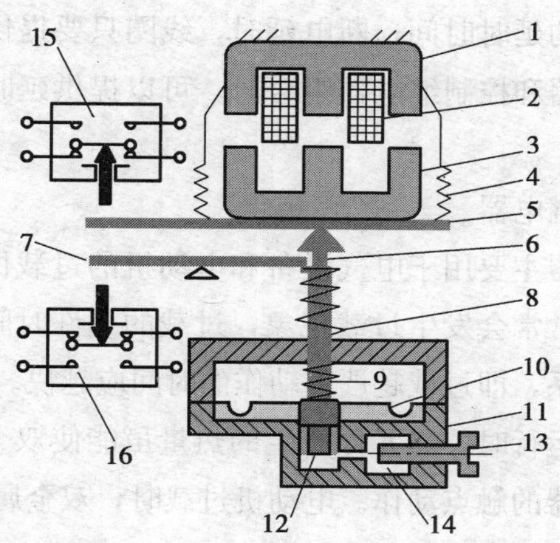

图 3—8　空气式时间继电器原理结构图

1—铁心　2—线圈　3—衔铁　4—反力弹簧　5—推板　6—活塞杆
7—杠杆　8—塔形弹簧　9—弱弹簧　10—橡皮膜　11—空气室壁
12—活塞　13—调节螺杆　14—进气孔　15，16—微动开关图形符号

时，空气经进气孔进入到气室蓄积一定的能量后推动活塞、活塞杆上移，活塞杆带动杠杆联动并压迫微动开关 16 而产生触点状态的翻转。由于气室内的气体需要一定的时间蓄积才可以推动活塞，故微动开关触点的翻转具有一定的延时时间。而衔铁是瞬时动作的，它将直接带动微动开关 15 产生瞬动触点的翻转。

2）直流电磁式时间继电器是在直流电磁式电压继电器的铁心上增加一个阻尼铜套而构成，利用电磁阻尼原理产生延时的效果。在继电器线圈通断电过程中，主磁通的变化将使铜套内产生感应电动势，并流过感应电流，此电流产生的磁通总是阻碍原磁通变化。继电器线圈通电时，由于衔铁处于释放位置，气隙大，磁阻大，磁通变化量小，铜套阻尼作用相对也小，因此，衔铁吸合时延时不显著（一般忽略不计）。而当继电器断电时，磁通量变化大，铜套阻尼作用也大，使衔铁延时释放而起到延时作用。因此，这种继电器仅用做断电延时。

3）半导体时间继电器是采用晶体管、集成电路、电子元件等构成，电子式时间继电器具有延时范围广、精度高、体积小、耐冲击和耐振动、调节方便及寿命长等优点，所以，发展很快，应用广泛。半导体时间继电器的输出形式有触点式和无触点式两种，前者是用晶体管驱动小型磁式继电器，后者是采用晶体管或晶闸管输出。

时间继电器分通电延时和断电延时两种，通电延时，其线圈的供电时间要大于触点的延时时间；断电延时，线圈只要提供一个脉冲沿信号即可。时间继电器和控制继电器组合时，可以提供延时触点和非延时触点。

（5）过载热继电器

过载热继电器主要用于电气设备和电动机的过载保护。电气设备在运行的过程中，常常会发生过载现象，过载的允许时间与过载的严重性成一定的比例关系，即过载越严重动作的时间应越快。

电动机正常运行时，热元件产生的热量虽能使双金属片弯曲，但还不足以使热继电器的触点动作。电动机过载时，双金属片弯曲位移增大，推动导板使常闭触点断开，从而切断电动机控制电路以起保护作用。热继电器动作后一般不能自动复位，要等双金属片冷却后按下复位按钮复位。热继电器动作电流的调节可以借助旋转凸轮于不同位置来实现。

我国常用的 JR16 和 JR20 系列热继电器均为带有断相保护的热继电器（见图 3—9），它有差动式断相保护机构。过载热继电器的选择主要根据电动机定子绕组的联结方式确定，在三相异步电动机电路中，对星形联结的电动机可选两相或三相结构的热继电器，对于三相感应电动机，定子绕组为三角形连接的电动机必须采用带断相保护的热继电器。

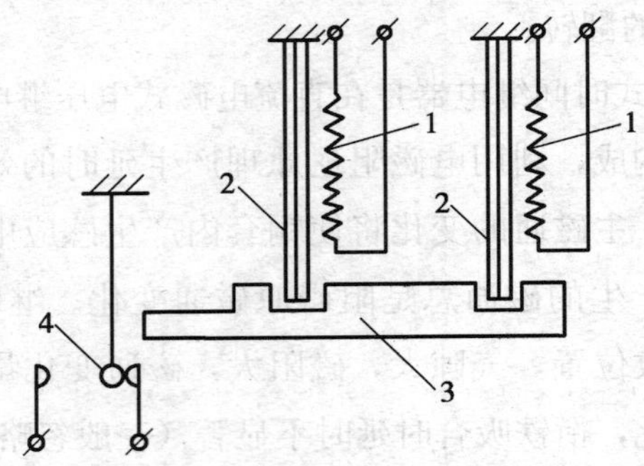

图 3—9　过载热继电器结构图

1—热元件　2—双金属片　3—导板　4—触点复位

（6）速度继电器

速度继电器的结构与交流电动机相类似，速度继电器主要由定子、转子和触点三部分组成。定子的结构与笼型异步电动机相似，是一个笼型空心圆环，由硅钢片冲压而成，并装有笼型绕组。转子是一个圆柱形永久磁铁。速度继电器的结构如图 3—10 所示。

速度继电器的转子轴与电动机的轴相连接，定子与轴同心。当电动机转动时，速度继电器的转子随之转动并产生旋转磁场，定子绕组切割磁场产生感应电动势和电流，此电流产生转矩，使定子向轴的转动方向偏摆。一般速度继电器转子的转速在 130 r/min 时，定子柄即可拨动到触点使常开触点闭合、常闭触点断开。当速度继电器转子的转速下降到 100 r/min 时，转矩减小，定子柄在弹簧力的作用下恢复原位并使触点复位。

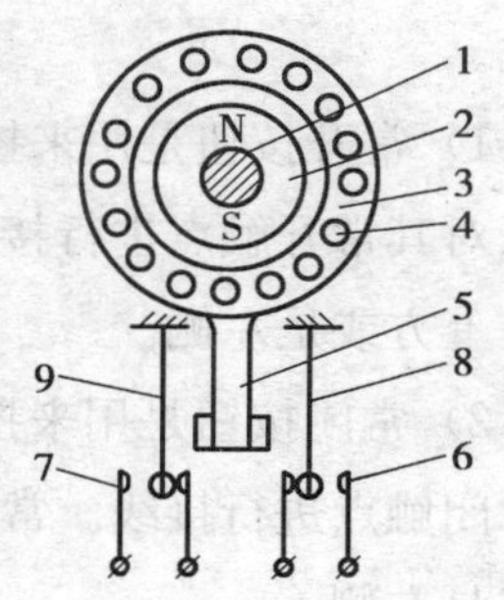

图 3—10　速度继电器结构图

1—转子　2—电动机轴　3—定子　4—绕组　5—定子柄　6——静触点　7—动触点　8，9—簧片

7. 主令电器

主令电器在控制电路中主要是用来发布控制命令，其作用是实现远程操作和自动控制。常用的主令电器有：控制按钮、行程开关、接近开关、万能转换开关；主令控制器有：脚踏开关、倒顺开关、紧急开关、钮子开关等。

(1) 控制按钮

控制按钮一般和接触器或继电器配合使用，实现对电动机的远程操作、控制电路的电气联锁等。它是一种结构简单、使用广泛的手动主令电器。控制按钮的结构由按钮帽、复位弹簧、桥式触点和外壳等组成，如图 3—11 所示。

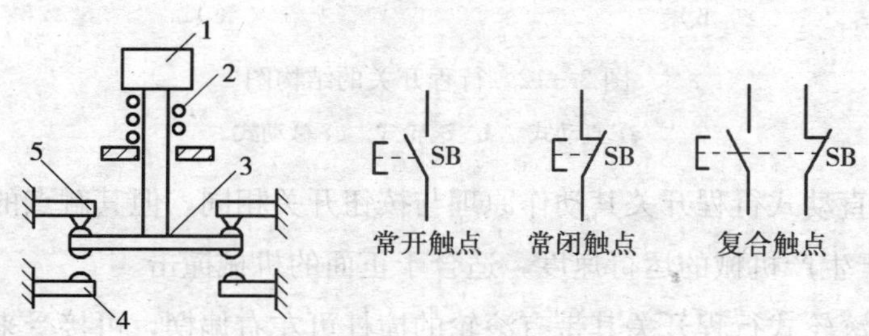

图 3—11　控制按钮原理图及图例符号

1—按钮帽　2—复位弹簧　3—动触点　4—常开静触点　5—常闭静触点

控制按钮通常配备一个常开触点和一个常闭触点（也可以进行多组触点的扩展），当控制按钮被按下时，桥式动触点将常闭静触点断开，常开静触点闭合。释放后，弹簧将桥式动触点拉回原位，相应的触点也

复位。

1）常开按钮是用来控制电动机和控制电路的启动和运行，使用时一般只对其常开触点进行接线。常开按钮通常选其颜色为绿色，安装时布局在上方或是左侧。

2）常闭按钮是用来控制电动机和控制电路的停止，使用时一般只对其常闭触点进行接线。常闭按钮通常选其颜色为红色，安装时布局在下方或是右侧。

（2）行程开关

行程开关又称限位开关，用于控制机械设备的行程及限位保护。它的动作通常由外部的机械运动部件通过撞击来实现。行程开关一般也是由一个常开触点和一个常闭触点组合而成，根据生产控制工艺要求的不同，行程开关的碰撞形式也不同。行程开关是一种根据运动部件的行程位置而切换电路的电器，主要有直动式、滚轮式、微动式。它的作用原理与按钮类似。结构如图 3—12 所示。

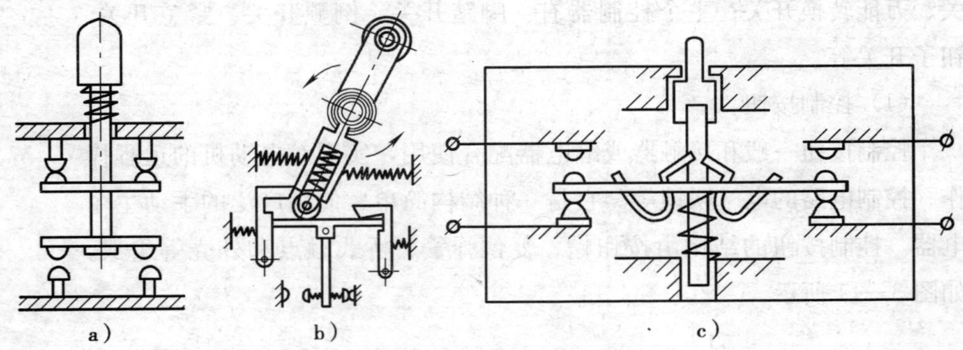

图 3—12 行程开关的结构图

a）直动式 b）滚轮式 c）微动式

1）直动式行程开关其动作原理与按钮开关相同，但其触点的分合速度取决于生产机械的运行速度，适合于正面的机械撞击。

2）滚轮式行程开关其带有滚轮的撞杆可左右偏摆，可接受来自于正面、左侧、右侧的机械撞击。撞杆转动时，带动凸轮转动，顶下推杆，使微动开关中的触点迅速动作。当运动机械返回时，在复位弹簧的作用下，各部分动作部件复位。

3）微动式行程开关其动作原理是通过机械撞击压迫弹性膜片使其变形而使触点发生翻转。

（3）万能转换开关

万能转换开关是一种多挡式、控制多回路的主令电器。它主要用于完成对电路的选择控制、信号转换、电源的换相测量等任务。如手动、自动的切换，多路信号的输入选择，电流表和电压表的换相测量等。结构如图 3—13 所示。

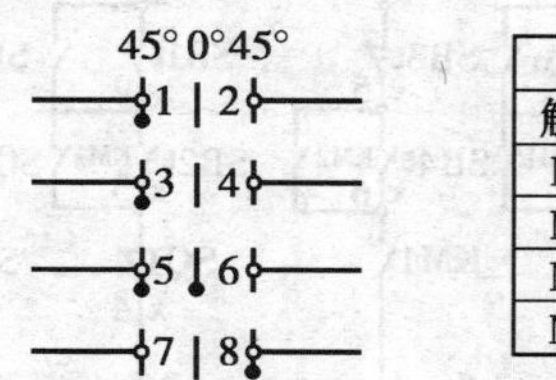

LW5-15D0403/2				
触头编号		45°	0°	45°
NO	1–2	X		
NO	3–4	X		
NO	5–6	X	X	
NO	7–8			X

图 3—13 万能转换开关结构图

图 3—13 中万能转换开关打向左 45°时，触点 1—2，3—4，5—6 闭合，触点 7—8 打开；打向 0°时，只有触点 5—6 闭合，打向右 45°时，触点 7—8 闭合，其余打开。

（4）信号灯

信号灯是用来指示电气运行状态、生产节拍、机械位置、控制命令等的电器器件。其发光源有白炽灯、氖泡、LED 发光元件等形式，通常在低电压中用白炽灯和 LED 发光元件，而在高压中用氖泡。可以单独使用，也可以和按钮组合使用。

二、典型电气控制电路

电气控制线路是按照一定的生产工艺和控制原理设计而成，无论控制线路多么复杂，都是由基本控制线路组合而成。学好基本控制线路是分析和设计电气控制线路的基础。掌握了这些基础知识将对电气控制线路工作原理的分析与设计有很大的帮助。

1. 电气图基本知识

电气图是根据国家电气制图标准，使用电气图例符号和文字符号以及规定的画法绘制而成的技术图样。它包括电气控制系统图（电气原理图、电气接线图、电气元件布置图）、电气平面图、设备布局图、安装施工图、电气图例说明、设备材料明细表等。

（1）电气原理图

电气原理图是根据电气控制系统的工作原理、电气控制逻辑关系、电气元件连接的方法绘制的，具有结构简单、层次分明、便于研究和电路分析等优点，如图 3—14 所示。

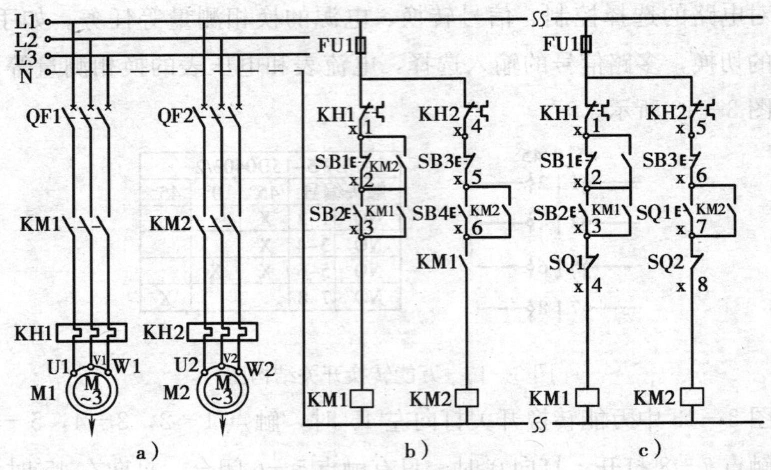

图 3—14　电气原理图

电气原理图根据控制对象的不同可分为主电路（图 3—14a）和控制电路（图 3—14b、图 3—14c）。主电路是将电源与电气设备（电动机或电负荷）借助于低压电器进行可靠连接的电路，涉及的低压电器有低压断路器、熔断器、接触器（智能控制单元）、热过载保护器、接线端子等。控制电路是由主令电器、接触器和继电器的线圈、各种电器的常开和常闭辅助触点、电磁阀、电磁铁等按控制要求和控制逻辑进行的组合。主电路用粗线条画在原理图的左边。控制电路用细线条画在原理图的右边，也可以将主电路和控制电路分开绘制。

所有按钮、触点均按没有外力作用和没有通电时的原始状态画出。控制电路的分支线路，原则上按照动作先后顺序排列，两线交叉连接的电气连接点须用黑点标出，两线连接的接线端子用空心圆画出。

绘制时采用电气元件展开图的画法。同一电气元件的各部件可以不画在一起，但需用同一文字符号标出。若有多个同类电器，可在文字符号后加上数字序号，如 KM1，KM2 等。

(2) 电气接线图

电气接线图是将分布在电控柜和现场的电气元件和设备进行线路连接（见图 3—15），绘制接线图时应把各电器的各个部分（如触点与线圈）画在一起，文字符号、元件连接顺序、线路号码编制必须与电气原理图一致。以安装接线为主，基本不涉及电气设备的整体结构和工作原

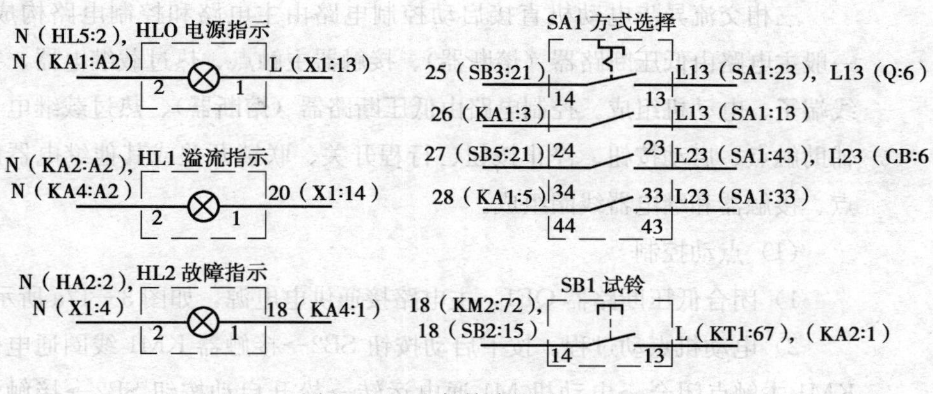

图 3—15　电气接线图

理，着重表达接线过程。

（3）电气元件布置图

电气元件布置图指明器件的布局和位置安装（见图 3—16），包括在电控柜和现场的分布，如电控柜中器件的分布、控制操作盘中器件的分布、器件的间隔和排放顺序、安装方式和定位等。在进行元器件布局时要注意整齐、美观、对称，将外形尺寸与结构类型类似的电气元件安装在一起，以利于加工、安装和配线。在电气元件布置图中，一般标有各元件间距尺寸、安装孔距和进出线的方式。

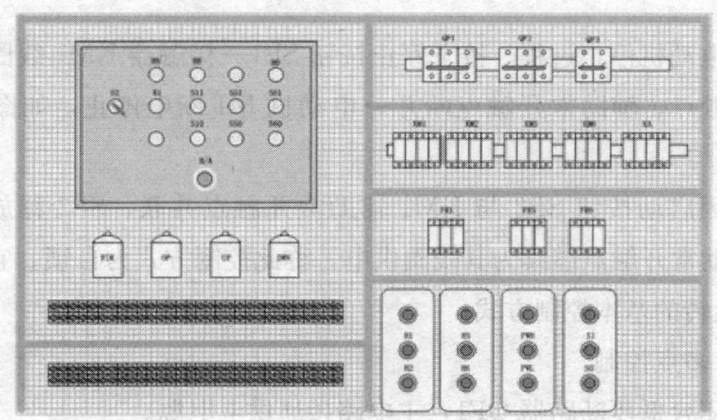

图 3—16　电气元件布局图

2. 三相交流异步电动机直接启动控制电路

此处介绍的三相交流异步电动机直接启动控制电路包括单向直接启动控制，正、反转直接启动控制，双速直接启动控制电路。它们都是由一些基本电气控制环节组成，这些基本控制环节有点动控制、自锁控制、多点控制、顺序控制、联锁控制、行程控制等。

三相交流异步电动机直接启动控制电路由主电路和控制电路构成，一般主电路由低压断路器（熔断器）、接触器主触点、热过载继电器、接线端子、电动机组成。控制电路由低压断路器（熔断器）、热过载继电器辅助触点、启动按钮、停止按钮、行程开关、联锁开关或其他继电器触点、接触器和继电器线圈组成。

（1）点动控制

1）闭合低压断路器 QF1，主电路接通供电电源，如图 3—17a 所示。

2）电动机点动过程。按下启动按钮 SB2→接触器 KM1 线圈通电→KM1 主触点闭合→电动机 M1 通电运转→松开启动按钮 SB2→接触器 KM1 线圈断电→KM1 主触点断开→电动机 M1 断电停止，如图 3—17b 所示。

3）点动控制通常用来实现对生产设备的手动调整、定位、维修处理等。

（2）自锁控制

1）闭合低压断路器 QF1，主电路接通供电电源。

2）电动机启动过程。按下启动按钮 SB2→接触器 KM1 线圈通电→KM1 主触点、辅助常开触点闭合→接触器 KM1 自锁→电动机 M1 通电运转。

3）电动机停止过程。按下停止按钮 SB1→接触器 KM1 线圈断电→KM1 主触点、辅助常开触点断开→电动机 M1 断电停止，如图 3—17c 所示。

4）因启动按钮 SB2 与 KM1 辅助常开触点并联，SB2 释放后，由 KM1 辅助常开触点继续为其线圈供电，称此控制方式为自锁。它是电动机连续运转的基本控制方式。

（3）多点控制

1）闭合低压断路器 QF1，主电路接通供电电源。

2）电动机启动过程。按下启动按钮 SB2 或 SB4→接触器 KM1 线圈通电→KM1 主触点、辅助常开触点闭合→接触器 KM1 自锁→电动机 M1 通电运转。

3）电动机停止过程。按下停止按钮 SB1 或 SB3→接触器 KM1 线圈断电→KM1 主触点、辅助常开触点断开→电动机 M1 断电停止，如图 3—17d 所示。

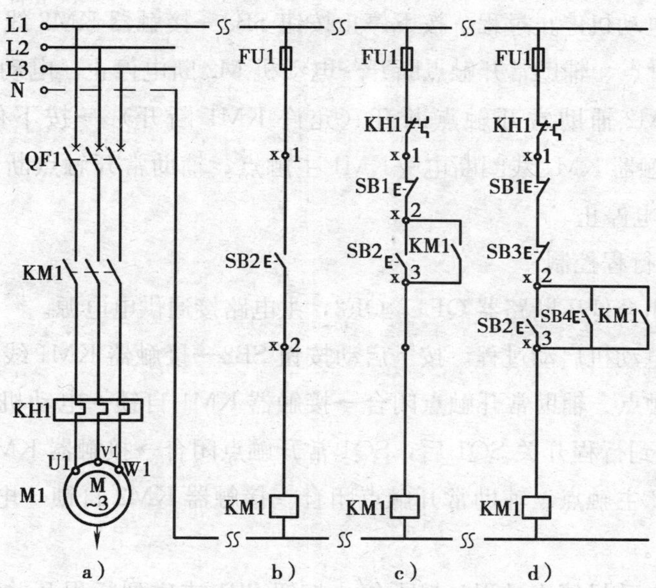

图 3—17　电动机的点动、自锁、多点控制电气控制原理图

a）主电路　b）点动控制　c）自锁启停控制　d）多点启停控制

4）多点控制又被称为远程控制，它主要是实现对电动机的多处启停控制。例如，在电气控制柜的操作面板上和生产现场各有一组启停按钮用来实现对电动机的启停控制。操作者在两处均可以实现对电动机的启停控制。在自动控制中，也可以实现由手动、半自动、全自动等构成的组合控制，总之，多点控制就是将多个启动控制信号并联起来，将多个停止信号串联在控制主路中。

（4）顺序控制

1）闭合低压断路器 QF1，QF2，主电路接通供电电源，如图3—18a 所示。

2）电动机 M1，M2 的启动按顺序进行，当电动机 M1 未启动时，电动机 M2 不能启动，电动机 M2 启动后，封锁了电动机 M1 的停止按钮，此时，电动机 M2 不停止，电动机 M1 不能停止，如图 3—18b 所示。

3）电动机启动过程。按下启动按钮 SB2→接触器 KM1 线圈通电→KM1 主触点、辅助常开触点闭合→接触器 KM1 自锁→电动机 M1 通电运转。电动机 M1 运转后，KM1 辅助常开触点闭合（允许 KM2 吸合）→按下启动按钮 SB4→接触器 KM2 线圈通电→KM2 主触点、辅助常开触点闭合→接触器 KM2 自锁→电动机 M2 通电运转。

4）电动机停止过程。按下停止按钮 SB3→接触器 KM2 线圈断电→KM2 主触点、辅助常开触点断开→电动机 M2 断电停止。电动机 M2 停止后，KM2 辅助常开触点断开（允许 KM1 断开）→按下停止按钮 SB1→接触器 KM1 线圈断电→KM1 主触点、辅助常开触点断开→电动机 M1 断电停止。

（5）行程控制

1）闭合低压断路器 QF1，QF2，主电路接通供电电源。

2）电动机启动过程。按下启动按钮 SB2→接触器 KM1 线圈通电→KM1 主触点、辅助常开触点闭合→接触器 KM1 自锁→电动机 M1 通电运转。碰到行程开关 SQ1 后，SQ1 常开触点闭合→接触器 KM2 线圈通电→KM2 主触点、辅助常开触点闭合→接触器 KM2 自锁→电动机 M2 通电运转。

3）电动机停止过程。按下停止按钮 SB1 或碰到行程开关 SQ1→接触器 KM1 线圈断电→KM1 主触点、辅助常开触点断开→电动机 M1 断电停止。按下停止按钮 SB3 或碰到行程开关 SQ2→接触器 KM2 线圈断电→KM2 主触点、辅助常开触点断开→电动机 M2 断电停止。如图 3—18c所示。

4）行程开关 SQ1，SQ2 的作用是对电动机 M1，M2 限位控制。

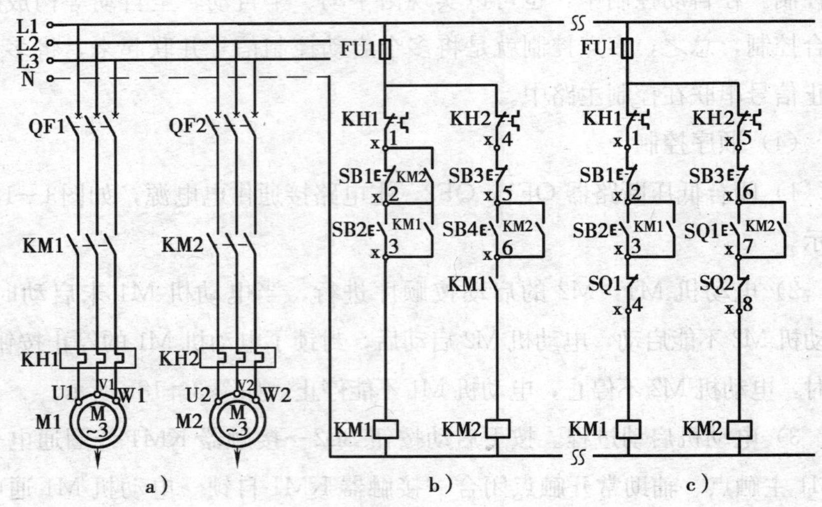

图 3—18　电动机的顺序控制、行程控制电气控制原理图

a）主电路　b）顺序启停控制　c）行程启停控制

（6）正、反转控制

1）闭合低压断路器 QF1，主电路接通供电电源，如图 3—19a 所示。

2）电动机正向启动过程。在电动机处于停止状态下，按下启动按钮 SB2→接触器 KM1 线圈通电→KM1 主触点、辅助常开触点闭合，辅助常闭触点断开→接触器 KM1 自锁并对接触器 KM2 实施互锁→电动机 M1 通电运转。

3）电动机反向启动过程。在电动机处于停止状态下，按下启动按钮 SB3→接触器 KM2 线圈通电→KM2 主触点、辅助常开触点闭合，辅助常闭触点断开→接触器 KM2 自锁并对接触器 KM1 实施互锁→电动机 M2 通电运转。

4）电动机停止过程。在电动机处于运行状态下，按下停止按钮 SB1→接触器 KM1 或 KM2 线圈断电→KM1 或 KM2 主触点、辅助常开触点断开→电动机 M1 断电停止。如图 3—19b 所示。

5）由于接触器 KM1，KM2 的线圈中采用了互锁，所以，在接触器 KM1 通电时，其辅助常闭触点断开了接触器 KM2 的线圈，反转启动控制无效。同理，在接触器 KM2 通电时，其辅助常闭触点断开了接触器 KM1 的线圈，正转启动控制无效。上述互锁采用的是外电路的触点连接，一般来说，开点闭合的时间比闭点断开的时间要慢一些，所以，只有互锁点回位后，对方才可以通电。

（7）带按钮联锁和行程控制的正、反转控制

1）闭合低压断路器 QF1，主电路接通供电电源。

2）电动机正向启动过程。按下启动按钮 SB2（断开接触器 KM2 的控制回路）→接触器 KM1 线圈通电→KM1 主触点、辅助常开触点闭合，辅助常闭触点断开→接触器 KM1 自锁并对接触器 KM2 实施互锁→电动机 M1 通电运转。

3）电动机反向启动过程。按下启动按钮 SB3（断开接触器 KM1 的控制回路）→接触器 KM2 线圈通电→KM2 主触点、辅助常开触点闭合，辅助常闭触点断开→接触器 KM2 自锁并对接触器 KM1 实施互锁→电动机 M2 通电运转。

4）电动机停止过程。在电动机处于运行状态下，按下停止按钮 SB1→接触器 KM1 或 KM2 线圈断电→KM1 或 KM2 主触点、辅助常开触点断开→电动机 M1 断电停止。如图 3—19c 所示。

该控制电路采用的是正、反转直接换向控制，一般电动机容量较小

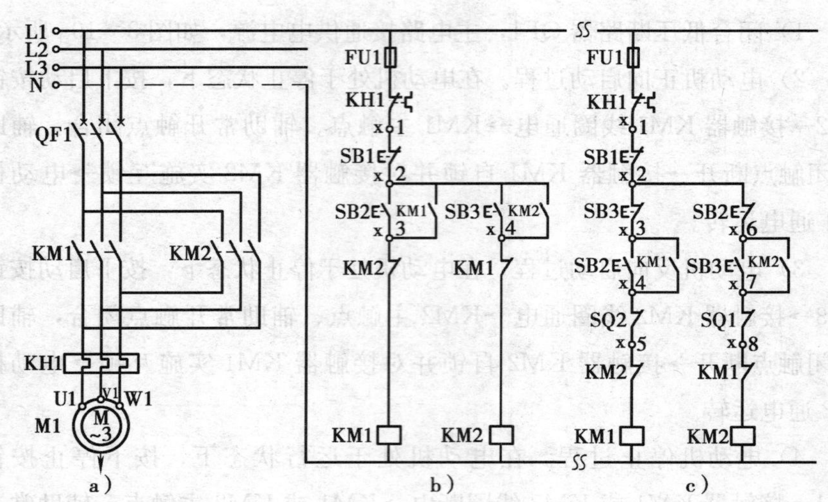

图 3—19　电动机正、反转启停控制电气控制原理图

a）主电路　b）不可直接换向控制　c）行程限位可直接换向控制

或机械冲击不大的负载可以直接换向。容量较大或机械冲击较大的负载应采取停止后再换向。

（8）双速控制

1）闭合低压断路器 QF1，主电路接通供电电源，如图 3—20a 所示。

2）电动机低速启动过程。按下启动按钮 SB2（断开接触器 KM2 的控制回路）→接触器 KM1 线圈通电→KM1 主触点、辅助常开触点闭合，辅助常闭触点断开（封锁 KM2，KM3 线圈）→接触器 KM1 自锁并对接触器 KM2，KM3 实施互锁→电动机 M1 通电低速运转。

3）电动机高速启动过程。按下启动按钮 SB3（断开接触器 KM1 的控制回路）→接触器 KM2 线圈通电（接触器 KM3 线圈通电）→KM2，KM3 主触点、辅助常开触点闭合，辅助常闭触点断开→接触器 KM2 自锁并对接触器 KM1 实施互锁→电动机 M1 通电高速运转。

4）电动机停止过程。在电动机处于运行状态下，按下停止按钮 SB1→接触器 KM1 或 KM2，KM3 线圈断电→KM1 或 KM2，KM3 主触点、辅助常开触点断开→电动机 M1 断电停止。如图 3—20b 所示。

上述双速控制可以直接进行高、低速切换。低速运行时，双速电动机为三角形连接；高速运行时，双速电动机为双星形连接。只有交流电动机的极对数为整倍数关系时，才可以进行双速控制。另外，双速电动机在进行高、低速切换时，主电路应进行换相。

(9) 低速启动后向高速过渡的双速控制

1) 闭合低压断路器 QF1，主电路接通供电电源。

2) 电动机低速启动过程。按下启动按钮 SB2（断开接触器 KM2 的控制回路）→接触器 KM1 线圈通电→KM1 主触点、辅助常开触点闭合，辅助常闭触点断开→接触器 KM1 自锁并对接触器 KM2，KM3 实施互锁→电动机 M1 通电低速运转。同时，接触器 KM1 闭合→继电器 KA 线圈通电→KA 常开触点闭合→允许高速启动。

3) 电动机高速启动过程。当电动机运行在低速状态时，按下启动按钮 SB3（KA 常开触点闭合）→断开接触器 KM1 的控制回路→接触器 KM2 线圈通电（接触器 KM3 线圈通电）→KM2，KM3 主触点、辅助常开触点闭合，辅助常闭触点断开→接触器 KM2 自锁并对接触器 KM1 实施互锁，断开继电器 KA 的线圈→电动机 M2 通电高速运转。

4) 电动机停止过程。禁止在高速运转状态下停止电动机的运行（高速运转状态时总停止按钮 SB1 无效），按下启动按钮 SB2→接触器 KM2，KM3 线圈断电→接触器 KM1 线圈通电→KM2，KM3 主触点、辅助常开触点断开，辅助常闭触点闭合→电动机 M1 停止高速运行并切换到低速运行。当电动机处于低速运行时，按下总停止按钮 SB1→接触器 KM1 线圈断电→KM1 主触点、辅助常开触点断开，辅助常闭触点闭合→电动机 M1 停止低速运行。如图 3—20c 所示。

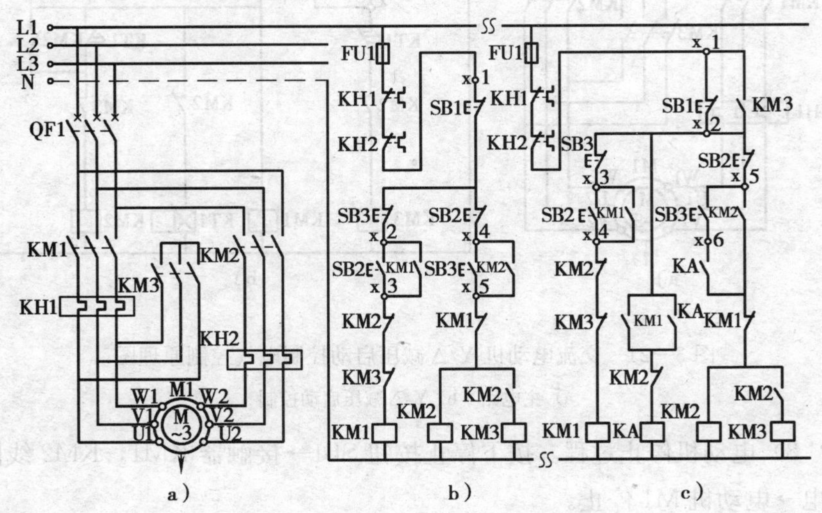

图 3—20　交流电动机双速启停控制电气控制原理图

a）主电路　b）可直接换速控制　c）低速启动、高速切换控制

3. 三相交流异步电动机减压启动控制电路

本部分介绍的三相交流异步电动机减压启动控制电路包括 Y/Δ 减压启动控制、自耦变压器减压启动控制等电路。

（1）Y/Δ 减压启动控制

1）闭合低压断路器 QF1，主电路接通供电电源，如图 3—21a 所示。

2）电动机启动过程。按下启动按钮 SB2→接触器 KM3 线圈通电→KM3 主触点、辅助常开触点闭合，辅助常闭触点断开→接触器 KM3 自锁并对接触器 KM2 实施互锁→接触器 KM1、时间继电器 KT1 线圈通电→接触器 KM1 自锁→电动机 M1 处于 Y 启动状态→KT1 延时时间到→接触器 KM3 线圈断电→接触器 KM2 线圈通电→KM2 主触点、辅助常开触点闭合，辅助常闭触点断开→接触器 KM2 自锁并对接触器 KM3 实施互锁，断开时间继电器 KT1 线圈的供电→电动机 M1 处于 Δ 运行。如图 3—21b 所示。

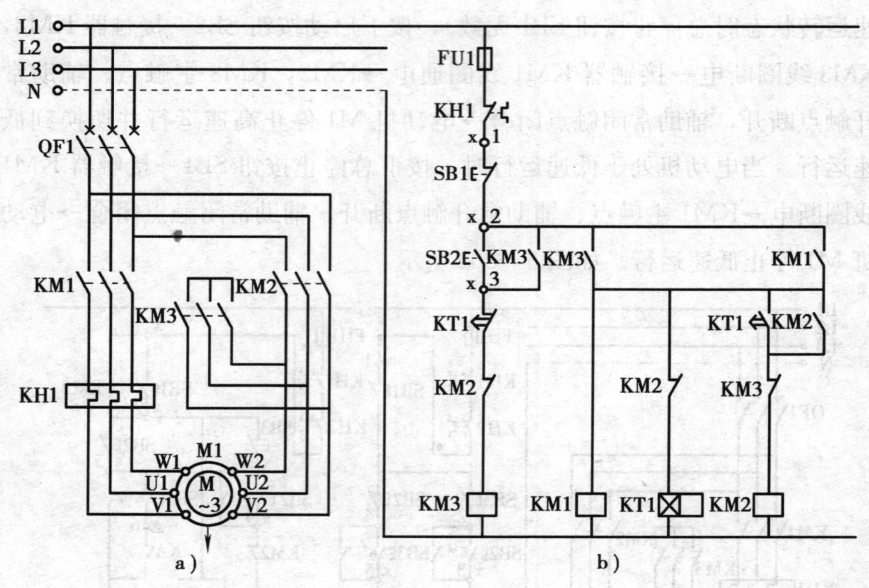

图 3—21　交流电动机 Y/Δ 减压启动控制电气控制原理图

a）主电路　b）Y/Δ 减压启动控制

3）电动机停止过程。按下停止按钮 SB1→接触器 KM1，KM2 线圈断电→电动机 M1 停止。

4）进行 Y/Δ 减压启动的电动机正常运行时必须是三角形连接，由于星形连接与三角形连接其功率之比是 1∶3，所以，星形启动的过程不要时间太长，以免出现电动机过载现象，在短时间内，不要频繁对电动机进行启动操作。

（2）自耦变压器减压启动控制

1）闭合低压断路器 QF1，主电路接通供电电源，如图 3—22a 所示。

2）电动机启动过程。按下启动按钮 SB2→接触器 KM1 线圈通电→KM1 主触点、辅助常开触点闭合，辅助常闭触点断开→接触器 KM1 自锁并对接触器 KM2 实施互锁→电动机 M1 连接自耦变压器进行减压启动→KM1 的辅助常开触点控制延时继电器线圈通电并自锁→KT1 延时时间到→接触器 KM1 线圈断电→接触器 KM2 线圈通电→KM2 主触点、辅助常开触点闭合，辅助常闭触点断开自耦变压器的连接并对接触器 KM1 实施互锁→电动机 M1 进入全压运行→时间继电器 KT1 线圈断电。如图 3—22b 所示。

3）电动机停止过程。按下停止按钮 SB1→接触器 KM2 线圈断电→电动机 M1 停止。

4）进行自耦变压器减压启动的电动机正常运行时必须是笼型星形连接，启动时可以根据电动机的功率确定选用抽头的位置。延时时间不要过长，一般掌握在 5～30 s 之间（视电动机的功率而定），在短时间内，不要频繁对电动机进行启动操作。

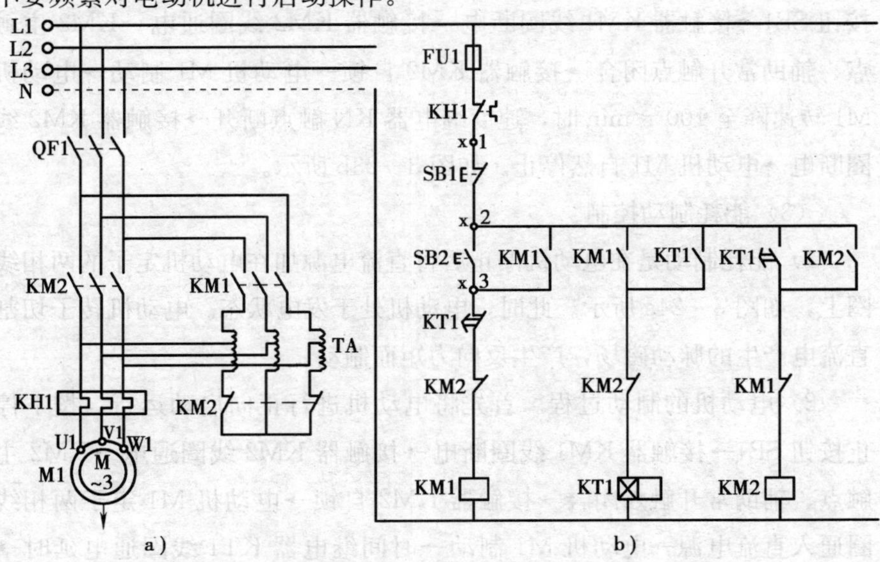

图 3—22　交流电动机自耦变压器减压启动控制电气原理图

a）主电路　b）自耦变压器减压启动控制图

4. 三相交流异步电动机制动控制电路

本部分介绍的三相交流异步电动机制动控制电路包括机械制动控制、电源反接制动控制、能耗制动控制等电路。

（1）机械制动控制

机械制动主要利用机械抱闸的原理，抱闸有电磁摩擦盘和闸皮抱轴两种方式，都是在电动机停电的瞬间接通机械抱闸。其制动方式简单实用，一般用在天车和生产总装配线上。

（2）电源反接制动控制

1）电源反接制动是利用速度继电器实现控制的。将速度继电器与电动机的转轴相连，速度继电器在转速达到 100 r/min 时，其常开触点接通，将它串接在反向的控制电路中。当电动机转速低于 100 r/min 时，速度继电器的常开触点断开，靠自然停车完成制动的整个过程，由于电源反接制动时，转子与定子旋转磁场的相对速度接近 2 倍的同步转速，制动电流约是电动机全压启动的启动电流的 2 倍。为防止绕组过热和减小制动冲击，可以在反接制动电路中串入制动电阻，其电阻接入方法可以是三相对称和不对称连接。

2）闭合低压断路器 QF1，主电路接通供电电源，如图 3—23a 所示。

3）电动机的制动过程。首先将电动机进行正向启动运行，按下停止按钮 SB1→接触器 KM1 线圈断电→接触器 KM2 线圈通电→KM2 主触点、辅助常开触点闭合→接触器 KM2 自锁→电动机 M1 制动→电动机 M1 转速降至 100 r/min 时，速度继电器 KN 触点断开→接触器 KM2 线圈断电→电动机 M1 自然停止。如图 3—23b 所示。

（3）能耗制动控制

1）能耗制动是在电动机停止后将直流电源加在电动机定子的两相线圈上，如图 3—24a 所示。此时，电动机处于发电状态。电动机转子切割直流电产生的脉动磁场，产生反向力矩而制动。

2）电动机的制动过程。首先将电动机进行正向启动运行，按下停止按钮 SB1→接触器 KM1 线圈断电→接触器 KM2 线圈通电→KM2 主触点、辅助常开触点闭合→接触器 KM2 自锁→电动机 M1 定子两相线圈通入直流电源→电动机 M1 制动→时间继电器 KT1 线圈通电延时→KT1 延时时间到→接触器 KM2 线圈断电→切断直流电源。如图 3—24b 所示。

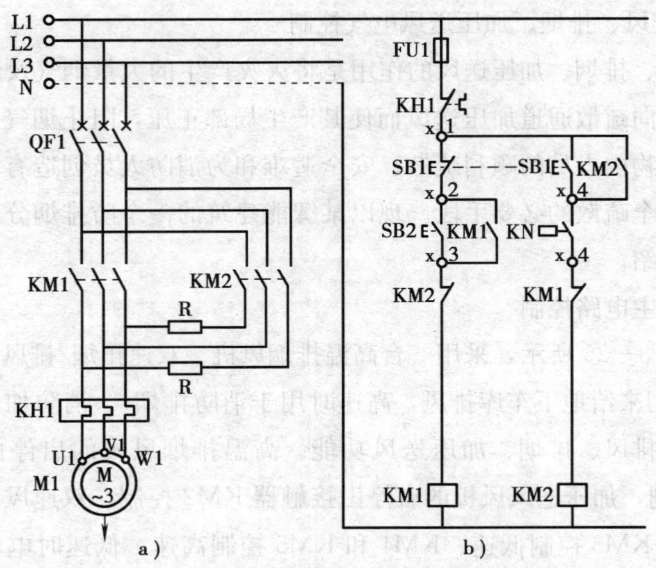

图 3—23 交流电动机电源反接制动控制电气原理图

a）主电路 b）电源反接制动控制

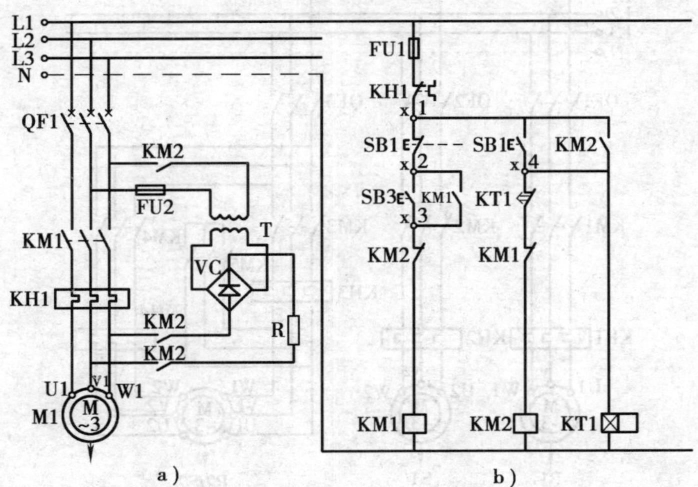

图 3—24 交流电动机能耗制动控制电气原理图

a）主电路 b）能耗制动控制

3）能耗制动由于采用的是电磁力制动方式，所以，只适合于水平方向的制动，带有重力因素的升降电动机不适合于用能耗制动。

三、建筑电气控制电路的应用

建筑电气控制电路是在建筑物中常用的一些电气控制，它所涉及的内容主要是风机和水泵类的电气控制。下面将对具体的几个实例进行分析。

1. 排风、排烟、加压送风电气控制

防烟、排烟、加压送风的作用是将火灾产生的大量烟气及时予以排除，同时向疏散通道加压送风而使其产生局部正压，阻止烟气进入，以确保建筑物内人员的顺利疏散、安全避难和为消防人员创造有利扑救条件，是安全疏散的必要手段。现以某智能建筑的一个防排烟分区控制为例加以介绍。

（1）主电路控制

如图 3—25 所示，采用一台高温排烟风机、双速排烟/排风组合风机（低速时用来给地下车库排风，高速时用于消防排烟）、消防加压送风风机，完成排风、排烟、加压送风功能。高温排烟风机的启停由接触器 KM1 控制，加压送风风机的启停由接触器 KM2 控制，双速风机的启停由接触器 KM3 控制低速、KM4 和 KM5 控制高速，低速时电动机采用 △ 形连接，高速时电动机采用 YY 形连接。

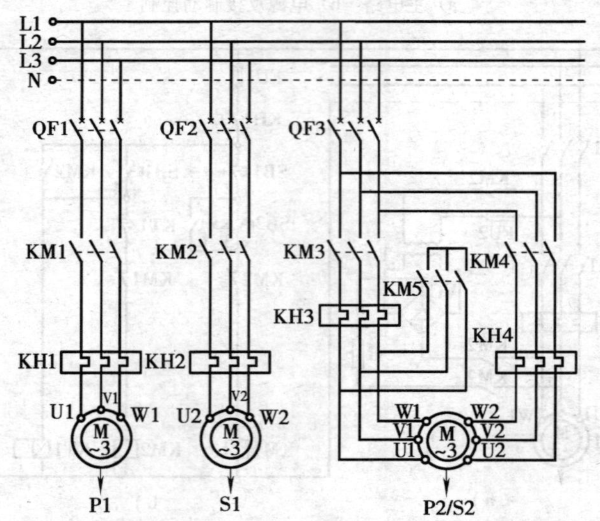

图 3—25　排风、排烟、加压送风风机主电路

P1—高温排烟风机　S1—加压送风机

P2/S2—高速排烟/低速送风组合风机

（2）手动控制电路

如图 3—26 所示，所有风机均可以实现手动控制，手动控制既可以在现场电气控制柜上操作，也可以在消防控制中心操作。手动/自动的转换由转换开关 SA1，SA2，SA3 实现。低速排风系统只有手动控制环节。排风、排烟、加压送风风机控制功能说明见表 3—4。

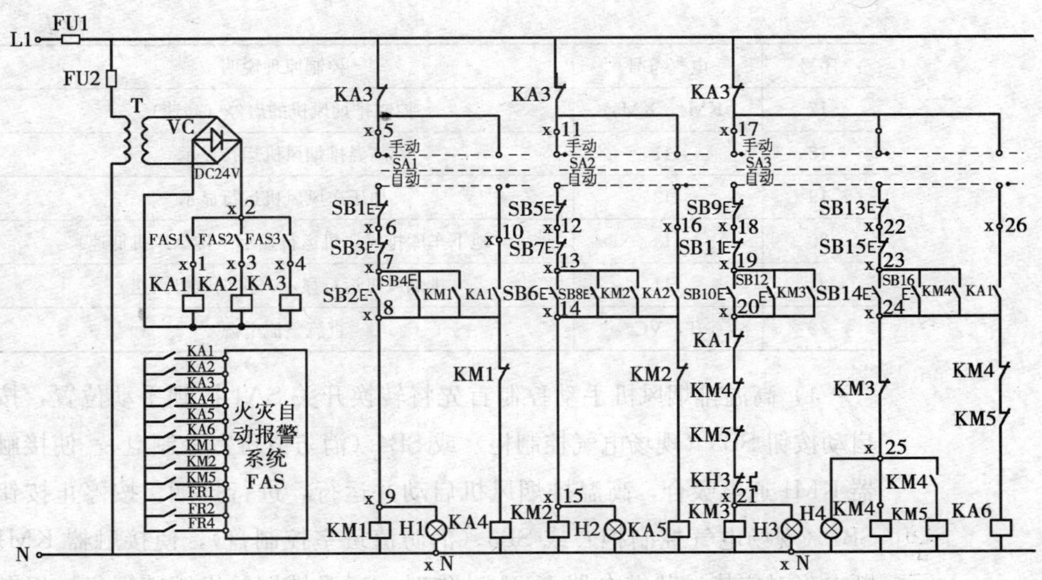

图 3—26　排风、排烟、加压送风风机控制电路

表 3—4　　排风、排烟、加压送风风机控制功能说明

序号	电气符号	控制原理说明
1	FAS1（KA1）	启动排烟机信号（火灾报警主机模块）
2	FAS2（KA2）	启动加压送风风机信号（火灾报警主机模块）
3	FAS3（KA3）	280℃防火阀信号（火灾报警主机模块）
4	KA4	高温排烟风机故障
5	KA5	加压送风风机故障
6	KA6	高速排烟风机故障
7	SA1	高温排烟风机手动/自动转换开关
8	SA2	加压送风风机手动/自动转换开关
9	SA3	排烟/送风风机手动/自动转换开关
10	KH1	高温排烟风机过载
11	KH2	加压送风风机过载
12	KH3	低速排风风机过载
13	KH4	高速排烟风机过载
14	KM1	控制高温排烟风机的启停
15	KM2	控制加压送风风机的启停
16	KM3	控制地下车库平时排风风机的启停（低速）

续表

序号	电气符号	控制原理说明
17	KM4，KM5	控制排烟风机的启停（高速）
18	H1	高温排烟风机运行显示
19	H2	加压送风风机运行显示
20	H3	地下车库排风风机运行显示（排烟风机低速）
21	H4	排烟风机运行显示（排烟风机高速）
22	T，VC	直流整流电源

1）高温排烟风机手动控制首先将转换开关 SA1 拨到手动位置，按启动按钮 SB2（现场电气控制柜）或 SB4（消防值班室控制盘），使接触器 KM1 通电吸合，高温排烟风机启动并运行，进行排烟。按停止按钮 SB1（现场电气控制柜）或 SB3（消防值班室控制盘），使接触器 KM1 断电（对应热过载继电器 KH1 动作时，高温排烟风机继续运行，但向消防控制中心提供报警信号），高温排烟风机停止，排烟结束。

2）加压送风风机手动控制首先将转换开关 SA2 拨到手动位置，按启动按钮 SB6（现场电气控制柜）或 SB8（消防值班室控制盘），使接触器 KM2 通电吸合，加压送风风机启动并运行，进行正压送风。按停止按钮 SB5（现场电气控制柜）或 SB7（消防值班室控制盘），使接触器 KM2 断电（对应热过载继电器 KH2 动作时，加压送风风机继续运行，但向消防控制中心提供报警信号），加压送风风机停止，正压送风结束。

3）低速排风手动控制将转换开关 SA3 拨到手动位置，在无火灾发生时，按启动按钮 SB10（现场电气控制柜）或 SB12（消防值班室控制盘），使接触器 KM3 通电吸合，低速排风风机启动并运行，为地下车库进行正常排风。按停止按钮 SB9（现场电气控制柜）或 SB11（消防值班室控制盘），使接触器 KM3 断电（对应热过载继电器 KH3 动作时，接触器 KM3 也将断电），低速排风风机停止，地下车库停止排风。

4）高速排烟手动控制首先将转换开关 SA3 拨到手动位置，在低速排风处于停止状态下，按启动按钮 SB14（现场电气控制柜）或 SB16（消防值班室控制盘），使接触器 KM4，KM5 通电吸合，高速排烟风机启动并运行，进行排烟。按停止按钮 SB13（现场电气控制柜）或 SB15（消防值班室控制盘），使接触器 KM4，KM5 断电（对应热过载继电器 KH4 动作时，高速排烟风机继续运行，但向消防控制中心提供报警信号），高速排烟风机停止，排烟结束。

（3）自动控制电路

当发生火灾时，火灾报警主机自动向排烟系统提供联动控制信号 FAS1 和 FAS2，联动控制信号（排烟联动信号 KA1、加压送风联动信号 KA2）启动高温排烟风机、高速排烟风机、加压送风风机等设备。

1）高温排烟风机自动控制。首先将转换开关 SA1 拨到自动位置，由火灾报警主机提供的排烟联动信号 KA1（经过继电器转换）使接触器 KM1 通电吸合，高温排烟风机启动并运行，进行排烟。

2）加压送风风机自动控制。首先将转换开关 SA2 拨到自动位置，由火灾报警主机提供的加压送风联动信号 KA2（经过继电器转换）使接触器 KM2 通电吸合，加压送风风机启动并运行，进行正压送风。

3）高速排烟自动控制。首先将转换开关 SA3 拨到自动位置，由火灾报警主机提供的排烟联动信号 KA1（经过继电器转换）使接触器 KM3 断电，关闭低速排风控制，KA1 同时使接触器 KM4，KM5 通电吸合，高速排烟风机启动并运行，进行排烟。

当排烟温度达到 280℃（火势猛烈扩大使火灾区域的温度达到 280℃，疏散无法进行，排烟设备在其所属的防火分区应停止运行，以防风助火势）时，无论是在手动状态还是在自动状态，排烟风机和加压送风风机均被停止。

为了对火灾现场进行实时的监控，还要将现场的运行状态和故障信号回传给消防报警中心，这些反馈信号包括排烟联动信号 KA1、加压送风联动信号 KA2、280℃防火阀联动信号 KA3、高温排烟风机运行状态 KM1、加压送风风机运行状态 KM2、高速排烟风机运行状态 KM4 和 KM5、高温排烟风机过载 KH1、加压送风风机过载 KH2、高速排烟风机过载 KH4、高温排烟风机故障 KA4、加压送风风机故障 KA5、高速排烟风机故障 KA6。这些信号将被消防报警主机接收后作为数据显示和运行记录以及消防值班员的运行值机之用。

2. 两台排污泵互备自投电气控制

大楼内的排污系统通常由污水池、排污泵构成。两台排污泵可以进行手动、自动控制，手动控制由现场操作，自动控制由 BA 系统的 DDC 控制。同时，对污水池的液位状态进行实时监测。

（1）主电路控制

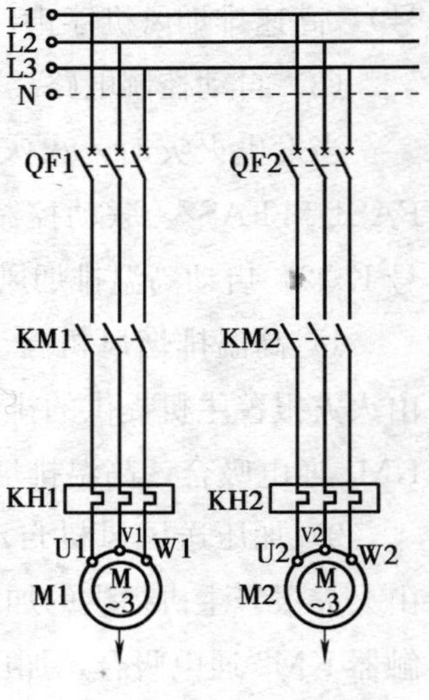

如图 3—27 所示，采用两台排污泵对污水池进行排污，平时由一台排污泵工作，两台排污泵采用定时轮换控制，并在一台排污泵故障时另外一台可以实现替开。当出现超高液位时，两台排污泵同时工作。两台排污泵的启停分别由接触器 KM1，KM2 控制。

（2）手动控制电路

如图 3—28 所示，将手动、自动转换开关 SA1 拨在手动位置（中间），通过相关的启停按钮可以实现两台排污泵的运行。热过载继电器动作时，排污泵停止。在手动状态下，也可以对污水池的液位情况进行显示。

图 3—27　两台排污泵互备自投主电路

（3）自动控制电路

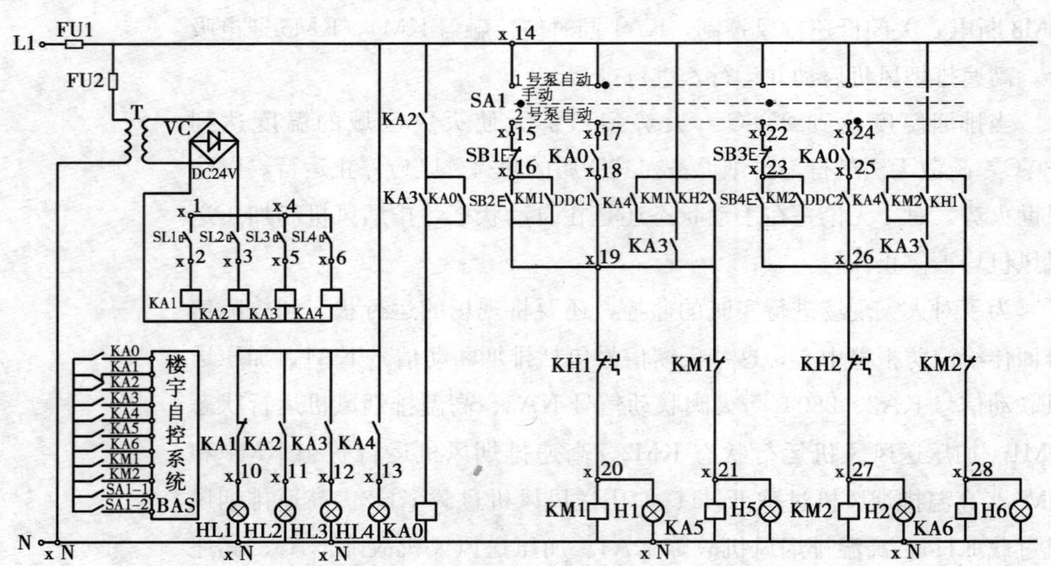

图 3—28　两台排污泵互备自投控制电路

污水池的液位指示由四个液位开关经继电器转换后分别控制排污泵的启停和状态指示。中间继电器 KA0 控制排污泵运行，当污水池液位在高液位时，KA0 线圈得电并吸合；污水池液位在低液位时，KA0 线圈断电并释放。当 1 号排污泵处于自动运行时，由泵运行信号 KA0 和楼宇控制中心发送的 DDC1 信号相与后控制其运行和停止。当 2 号排污泵处于自动运行时，由泵运行信号 KA0 和楼宇控制中心发送的 DDC2 信号相与后控制其运行和停止。

表 3—5　　两台排污泵互备自投控制功能说明

序号	电气符号	控制原理说明
1	SL1（KA1）	污水池超低液位
2	SL2（KA2）	污水池低液位
3	SL3（KA3）	污水池高液位
4	SL4（KA4）	污水池超高液位
5	KA5，H5	1 号排污泵电动机故障和指示
6	KA6，H6	2 号排污泵电动机故障和指示
7	SA1	手动/自动转换开关
8	KH1	1 号排污泵电动机过载
9	KH2	2 号排污泵电动机过载
10	KM1，H1	1 号排污泵运行控制和指示
11	KM2，H2	2 号排污泵运行控制和指示
12	HL1	污水池超低液位指示
13	HL2	污水池低液位指示
14	HL3	污水池高液位指示
15	HL4	污水池超高液位指示
16	T，VC	直流整流电源

1 号排污泵处于自动且过载时，由 2 号排污泵接替运行。2 号排污泵处于自动且过载时，由 1 号排污泵接替运行。当出现超高液位时，处于非工作时段的排污泵投入运行，液位再次降至高液位后该排污泵停止。

（4）污水池液位指示

污水池的液位指示由四个信号灯实现，超低液位 HL1 指示灯和超高液位 HL4 指示灯采用闪烁信号灯，低液位 HL2 指示灯和高液位 HL3 指示灯采用普通信号灯指示。

第二节　供配电基础知识

电能是我们工作和日常生活的主要能源。在建筑领域中，离不开供配电系统。供配电系统是电力系统的重要组成部分，本节主要讲述建筑供配电系统的基础知识。

一、电力系统概述

电能属于二次能源，借助于一次能源（燃烧的热能、水利的势能、核能、风能、太阳能等）我们可以将其转换成电能。有了电能，我们就可以将其转换成不同的其他能量（如热能、机械能、光能、化学能等）。

1. 电力系统的组成

电力系统（见图 3—29）由发电厂、变电站、电力网、配电系统、用户组成。

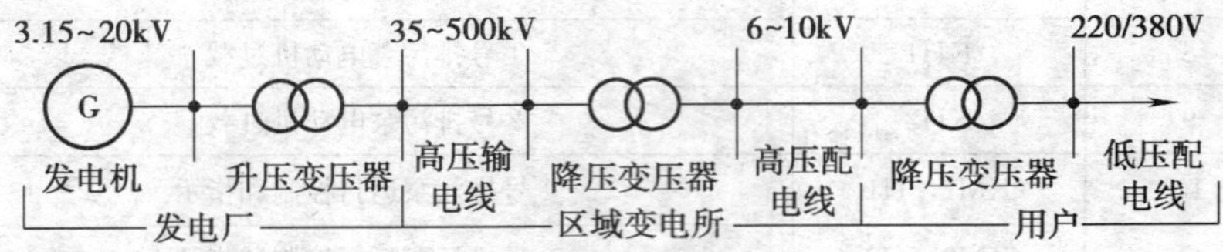

图 3—29　电能输送过程示意图

（1）发电厂

发电厂是进行电能转换的场所，在这里可以把自然界中的一次能源转换为可供人们使用的二次能源。目前，主要的一次能源有火力发电厂、水力发电厂、核能发电厂等。在我国的某些地区，根据当地能源的储备情况，还有潮汐发电、风力发电、太阳能发电等。发电机是吸收一次能源为动力，从而生产出我们需要的电能。

（2）变电站

发电厂发出的电能需要进行变换和分配才能供用户使用，一般来说，发电机发出的电压不是很高，面对用户对电压不同等级的需求以及远距离的传送，需要对电压进行相应的升、降处理，也就是我们通常所说的升压变电站和降压变电站。

升压变电站是将发电厂发出的电能进行升压处理，主要是为大功率设备提供能源或是进行电能的远距离传输。

降压变电站是将电力系统的高电压进行降压处理，主要是向不同等级的区域进行电力分配，如枢纽变电站、区域变电站和用户变电站等。

（3）电力线路

电力线路是进行电能输送的载体，由输电线路和配电线路两部分组成。输电线路主要负责发电厂与枢纽变电站、枢纽变电站与地区变电站之间的电能传送，其电压等级一般在 220 kV 以上；而配电线路则负责地区变电站与电力用户之间的电能分配，电压等级一般在 110 kV 及以下。

(4) 电力用户

电力用户是消耗电能的场所，如电动机、电加热设备、照明设备等。电力用户根据其生产工艺的需求，对电能的要求也是不一样的，我们将额定电压在 1 kV 以上的电力用户称为高压用户，额定电压在 1 kV 以下的用户称为低压用户。目前，我国的低压用户供电一般在 380 V/220 V。

2. 电力系统的供电指标

供电指标是考核供电质量的标准参数，其中电压和频率在整个供电系统中起着决定性的作用。电压的波动和偏移、频率的偏差都可能使用电设备发生不同程度的损坏。

(1) 额定电压

1) 电网的额定电压是向用电设备提供的标准电压。它是确定各类电力设备额定电压的基本依据。在整个电力线路的传输过程中，它应是整体线路上的电压平均值。

2) 用电设备的额定电压等于电网的额定电压。但用电设备在运行时，由于在线路上引起的损耗，会造成线路上各点电压略有不同。靠近线路首端的电压偏高，靠近线路末端的电压偏低。

3) 发电机的额定电压规定比同级电网电压高 5%。因为发电机是接在线路首端的，这样可以保证在传输的过程中（线路内阻会产生一定的损耗压降）线路末端得到额定电压。

4) 电力变压器的额定电压要高出同级电网额定电压的 5%。电力变压器的一次侧绕组和发电机直接连接时，其额定电压与发电机的额定电压相同。电力变压器的一次侧绕组和电网直接连接时，其额定电压与电网的额定电压相同。电力变压器二次侧绕组的额定电压是指在一次侧电压的作用下，二次侧的空载电压。当变压器满载时，一、二次绕组的阻抗将引起变压器二次侧电压大约有 5%的下降。电力变压器的二次侧是接在线路的首端的，为了克服在线路传输过程中的损耗，还应考虑高出电网额定电压 5%，即电力变压器二次侧绕组的额定电压应高于电网额定电压的 10%。

我国国家标准《标准电压》（GB 156—1993）规定的部分额定电压见表 3—6。

表 3—6　我国规定的电力系统额定电压及平均额定电压（交流） kV

项目		数值												
用电设备额定电压（系统标称电压）		0.38/ 0.22	0.66/ 0.38	3	6	10		20	35	66	110	220	330	500
交流发电机额定电压		0.40	0.69	3.15	6.3	10.5	13.8 15.75 18	20						
变压器额定电压	一次绕组	0.38/ 0.22	0.66/ 0.38	3 3.15	6 6.3	10 10.5	13.8 15.75 18	20 21	35	66	110	220	330	500
	二次绕组	0.40/ 0.23	0.69/ 0.40	3.15 3.3	6.3 6.6	10.5 11		21 22	38.5	69	121	242	363	550
系统平均额定电压		0.40/ 0.23	0.69/ 0.40	3.15	6.3	10.5		21	37	69	115	231	347	525

（2）额定频率

1）我国电网的标准频率为 50 Hz，称为工频。当电网频率升高时，处于恒转矩负载的电动机其输出的电磁转矩会下降，从而使得电动机产生严重的过载。当电网频率降低时，用户电动机的转速将下降，因而影响了生产工艺和产品的质量。

2）在 300 万 kW 以下的系统中，频率偏差一般不超过±0.5 Hz，大于 300 万 kW 的系统中，频率偏差一般不超过±0.2 Hz。

（3）电压偏差和电压调整

1）电压偏差是指用电设备上的实际电压与额定电压之间差值的百分数。电压偏差是由于供配电系统运行方式改变以及负荷缓慢变化而引起的，它的变动是相当缓慢的。用电设备在正常运行的情况下，允许的电压偏差值：电动机为±5%；照明灯在一般工作场所为±5%；对于远离变电所的小面积一般工作场所，难以满足上述要求时，可为+5%，−10%。应急照明、道路照明和警卫照明为+5%，−10%。其他用电设备：当无特殊规定时为±5%。

2）为了减小电压偏差，必须采取相应的电压调整措施。即合理选择变压器的电压分接头或采用有载调压型变压器；合理地减少系统的阻抗，从而缩小电压偏差的范围；尽量使系统的三相负荷均衡，从而保证中性点的电位为零；合理地分配负荷的运行方式，尽量避免出现用电高、低峰不均匀现象的发生；采用无功功率补偿方式，将功率因数调整到最佳数值。

（4）电压波动及其抑制

电压的波动虽然是电网电压的短时快速变动，但其对设备的危害是不容忽视的。电压波动主要是由于负荷的急剧变化而引起的，例如电动机的启动、电焊机的工作、大型冲击型负载的工作等。这主要是因为用电设备的电源均来自供电变压器的二次电压，变压器的容量是恒定的，当有大电流冲击时，势必造成供电电压的下降。

电压波动可能会导致电动机的无法启动，电子设备特别是计算机无法正常工作，照明灯发生明显的闪烁等。抑制电压波动可以采用如下措施：采用专用线或专用变压器单独供电；设法增大供电容量，减小系统阻抗；减少或切除引起电压波动的负荷；选用较高的电压等级；装设静止型无功功率补偿装置。

（5）高次谐波及其抑制

在供电系统中，那些非线性元件的存在，是产生高次谐波的主要来源。产生高次谐波的设备主要是电弧设备、气体放电灯、整流设备、变频设备、旋转电动机、高频感应、电容器等。谐波的存在会使供电电压发生畸变，同时，对同频段的通信信号、电子控制电路产生有害的干扰。高次谐波电流通过变压器时，可使变压器的铁心损耗明显增大，从而使变压器出现过热，缩短使用寿命。高次谐波电流通过电动机时，不仅会增大电动机铁心的损耗，而且还会使电动机转子发生振动现象。

高次谐波的抑制可以采用如下措施：强电供电线路与弱电控制线路保持一定的间距；通信、电子信号应采用屏蔽传输线；改变电力变压器的连接组别；增加整流相数，降低高次谐波分量；采用隔离变压器和滤通器等装置。

二、供电可靠性与负荷等级

1. 供电可靠性

配电系统是电力系统与用户连接的重要环节，包括了各级电压的供配电网、变配电设备和用户连接的设施。供电可靠性是指供电企业对用户供电的连续性，一般用供电企业的实际供电小时数与全年时间内实际总小时数的百分比来衡量。

2. 负荷等级

电力负荷主要是指用电设备或用电单位（用户）。电能在传输的过程中，必须遵循安全、可靠、优质、经济的基本要求，以保障优质的供电服务。现在，在很多的智能大厦中，都对供电指标进行在线的实时监控，如：电压、电流、有功功率、无功功率、功率因数等，并将数据采集到计算机中，通过数据库来完成对供电指标的考核和调整。

在供电过程中，根据国家《供配电系统设计规范》标准，将电力负荷分为三级。

（1）一级负荷（符合下列条件之一的，为一级负荷）

1）中断供电，将造成人身伤亡的负荷。

2）中断供电，将在政治、经济上造成重大损失的负荷。

3）中断供电，将影响有重大政治、经济意义的用电单位的正常工作的负荷。

由此可见，在一级负荷中，对供电的可靠性有着严格的供电要求。通常把那些由于突然中断供电可能会导致人员死亡、人员中毒、爆炸、火灾等现象发生的重要场所（如急救中心、手术室、国家政府机构、重要的国宾馆、大型体育场馆、重要的交通枢纽、重要的通信枢纽等）定为一级负荷。

一级负荷属于重要负荷，它对供电的要求应由两个电源供电，这样可以保证两个供电电源不至于同时出现故障。两个电源应是来自不同的供电区域，如：分别来自两个不同的发电厂，来自两个不同的区域变电站，或是在单路供电电源的基础上自备发电设备。

一级负荷除了上述双电源的要求以外，还应对那些特别重要的负荷提供应急电源（严禁将其他负荷接入应急供电系统）。应急电源通常是独立的发电机组、干电池、蓄电池，主要是作为应急事物处理的动力能源。

（2）二级负荷（符合下列条件之一的，为二级负荷）

1）中断供电将在政治、经济上造成较大损失时。例如：主要设备损坏、大量产品报废、连续生产过程被打乱需较长时间才能恢复、重点企业大量减产等。

2）中断供电将影响重要用电单位的正常工作。例如：交通枢纽、通信枢纽等用电单位中的重要电力负荷，以及中断供电将造成大型影剧院、大型商场等较多人员集中的重要的公共场所秩序混乱。

二级负荷也有其一定的重要性，所以它对供电电源的要求是两回线路供电。在负荷较小或地区供电条件困难时，二级负荷可由一回 6 kV 及以上专用的架空线路或电缆供电。当采用架空线时，可为一回架空线供电；当采用电缆线路时，应采用两根电缆组成的线路供电，其每根电缆应能承受 100%的二级负荷。

（3）三级负荷（不属于一级和二级负荷者）

绝大部分的负荷应为三级负荷，三级负荷对供电电源的要求无特殊性，通常采用单电源供电即可。

综上所述，我国对负荷等级的规定是十分严格的，在工业企业和民用建筑中，完成系统设计时，应根据负荷的级别来进行分级设定，这是因为负荷的级别越高，其投入的资金越昂贵且维护也越复杂，即使是那些重要的场所，也可能有一般负荷的存在，应做到按需分配。

三、供配电系统

1. 供配电系统常用电气设备

供配电中常用的高压电气设备主要是多油断路器、少油断路器、高压隔离开关、高压熔断器、户外跌开开关、电流互感器、电压互感器等，它包括了各级电压的供配电网、变配电设备和用户连接的设施。供电可靠性是指供电企业对用户供电的连续性，一般用供电企业的实际供电小时数与全年时间内实际总小时数的百分比来衡量。

（1）高压断路器

高压断路器是配电装置中最重要的控制和保护设备，用于接通和切断负荷电流，因为它具有很好的灭弧装置，所以，一般高压断路器可以带负荷进行操作。高压断路器具有在短路故障或严重过负荷时（保护动作信号由继电器二次保护回路提供）迅速动作的能力。

1）多油断路器是利用绝缘变压器油作为灭弧的介质，变压器油同时还可以实现电气回路之间、电气回路与外壳之间的可靠绝缘。常用的多油断路器有 DW8－35 型和 DW12－35 型，主要安装在 35 kV 以上的电压等级的用户中。

2）少油断路器的油量很少，一般为多油断路器的 1/10。用于 35 kV 和 10 kV 的高压控制电路中，开关中的变压器油只用来进行灭弧，而不作绝缘之际用。少油断路器的特点是体积小、结构简单、节省钢材、防火防爆，但检修周期短，在户外使用时，受大气条件影响大，而且配套性差。常用的少油断路器有 SN10－10Ⅰ型、SN10－10Ⅱ型、SN10－10Ⅲ型等。

（2）高压隔离开关

高压隔离开关是用来在有电压无负载的情况下接通或隔离电源用的一种高压设备，也是高压配电装置中重要的电气设备。它在电路通断中有明显的断点，用于电气的隔离。高压隔离开关（不带灭弧装置）和断路器一起使用，停电时应先分断断路器，然后再分断隔离开关。而送电时则先接通隔离开关，然后再接通断路器。常用的高压隔离开关有户内型：GN10 型、GN19 型；户外型：GW1 型、GW9 型等。

（3）高压熔断器

高压熔断器主要用作电路的过电流保护，分为户外型和户内型两种。户外型为跌落式熔断器，常用的有 RW3 型和 RW10－35 型；户内型为限流型熔断器，常用的有 RN1，RN3——电力变压器或线路保护，RN2，RN6——电压互感器保护。

（4）互感器

互感器分为电流互感器（CT）和电压互感器（PT）两种，其作用一个是将一次回路的高电压和大电流变为二次回路标准的低电压和小电流，使测量仪表和保护装置标准化、小型化，并使其结构轻巧、价格便宜，并便于屏内安装；另一作用是使二次设备与高电压部分隔离，互感器二次侧均接地，从而保证设备和人身的安全。

1）电流互感器的一次绕组串联在电路中，并且匝数很少，故一次绕组中的电流完全取决于被测电路的负荷电流，而与二次电流大小无关。正常情况下，电流互感器在近于短路的状态下运行，运行中的电流互感器二次回路不允许开路。为了防止绝缘损坏或高压窜入二次侧，危及人身和设备安全，电流互感器副绕组一端及铁心必须接地。

2）电压互感器的一次侧并联接入电网，正常工作时接近变压器空载状态，它的二次侧负载不允许短路，故一般在其二次侧装设熔断器或自动开关作短路保护。

2. 供配电系统举例

供配电系统由一次部分和二次部分组成，一次部分主要包括变压器、发电机、电力线路、高压断路器、高压隔离开关、高压互感器、避雷器、无功功率补偿装置等。由这些设备组合起来的电路叫一次回路。二次部分是对一次部分的系统进行参数监测和保护，主要包括测量仪表、保护装置、自动装置、开关控制装置、操作电源、控制电源等。由这些设备组合起来的电路叫二次回路（继电保护回路）。二次回路配合一次回路工作，构成一个完整的系统。

(1) 10 kV 供电一次系统图

在 10 kV 供电系统中（见图 3—30），通常由进线柜、计量柜、避雷柜、变压器控制柜等组成。

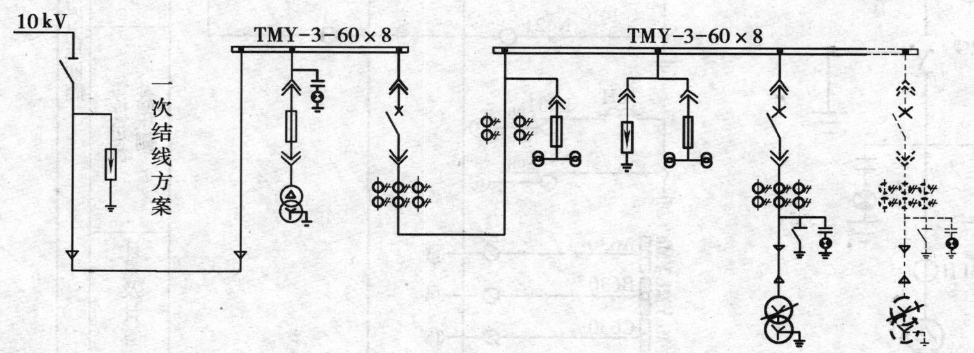

图 3—30　10 kV 一次高压电气系统图

经过隔离开关和高压进户电缆将 10 kV 引入到变电室的高压母排上，再经过电压互感器（PT）和电流互感器（CT）后由高压开关将高压电源引入到另一高压母排上。连接计量柜进行一次侧的电压、电流测量，然后由高压断路器连接主变压器和备用变压器。

(2) 10 kV 厂用变压器原理接线图

图 3—31 所示为 10 kV 厂用变压器原理接线图，它是变电所的标准图。

图 3—31a 是 10 kV 厂用变压器的供电接线图（一次系统图），10 kV 经过高压隔离开关 1 G、高压断路器 DL、高压隔离开关 2 G 送给变压器，3 LH 是高压电流互感器。图 3—31b 是该变压器的二次保护回路，采用的是计算机监测和过电流继电器等保护器件。

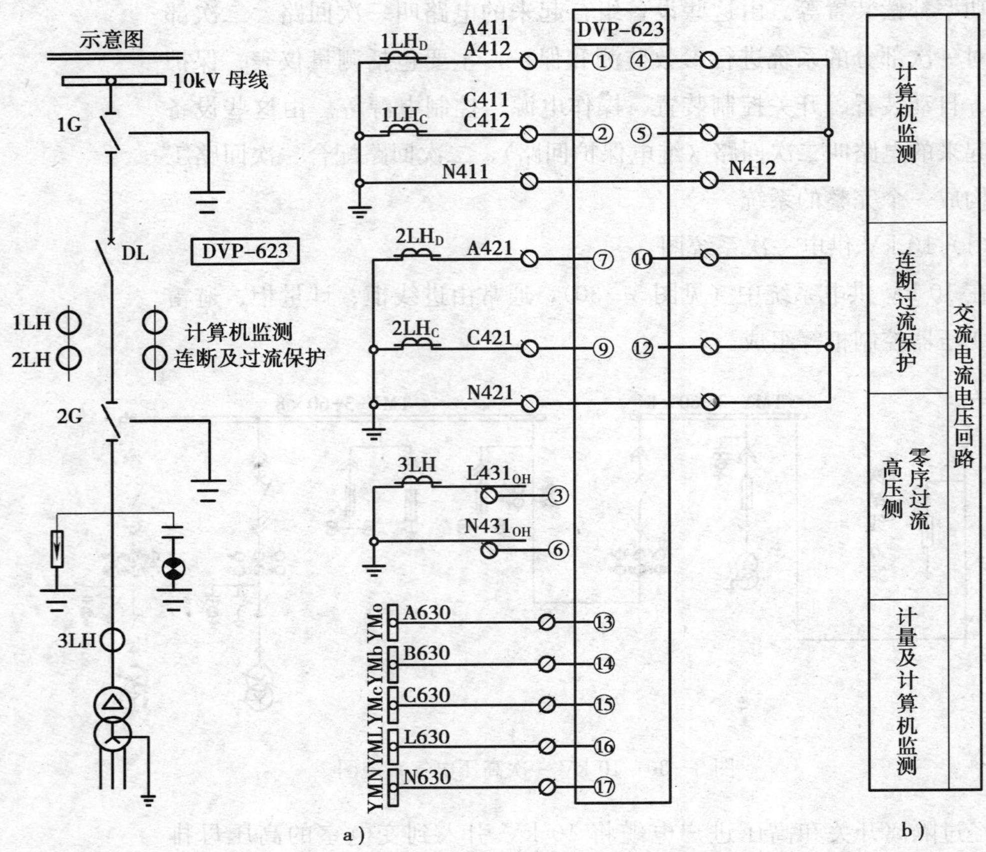

图 3—31　10 kV 厂用变压器原理接线图

a）厂用变压器原理接线图　b）10 kV 变电所标准图

第四章

安全用电基础知识

第一节　接地与防雷

一、接地

1. 接地种类

在建筑物供配电设计中，接地系统设计占有重要的地位，因为它涉及供电系统的可靠性与建筑物、人身和设备的安全性。供配电工程上的接地主要分为工作接地和安全接地（保护接地、保护接零、重复接地、防雷接地）两大类。

智能建筑中还往往涉及弱电的接地，如电子设备的接地、防静电接地、屏蔽接地、直流接地（信号接地、逻辑接地）等。

（1）工作接地

在电力系统中，为保证系统的安全运行或因工作需要，将电气回路中某一点接地（如变电、配压低压侧中性点的接地）称为工作接地。在工作接地的情况下，能够稳定设备导电部分的对地电压，如：380/220 V发电机中性点的接地；10/0.4 kV 配电变压器低压侧中性点的接地；110 kV 及以上高压系统中的中性点接地；带绝缘监视的电压互感器一次侧中性点接地等。

（2）保护接地

为防止因电气设备绝缘损坏或带电体碰壳使人身遭受触电危险，将电气设备在正常情况下不带电的金属外壳与接地体相连接，称为保护接地，如图 4—1 所示。在保护接地的情况下，当设备发生电源碰壳故障时，人触到设备外壳后借助于接地体与人（正常人的电阻为 1 700 Ω，接地体的电阻为 4 Ω 以下）之间的分流而起到保护人员的安全。

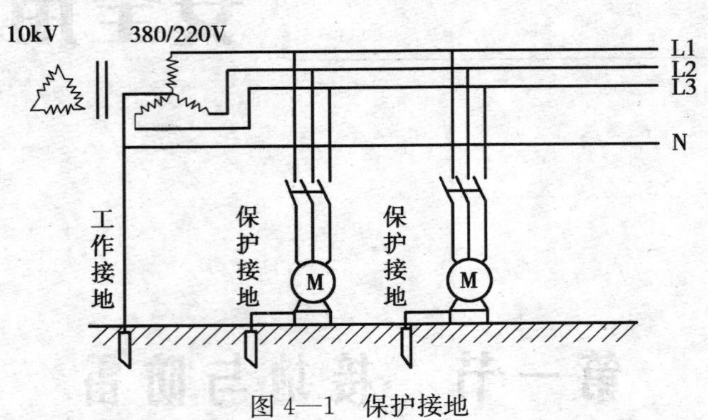

图 4—1　保护接地

（3）保护接零

为防止因电气设备绝缘损坏或带电体碰壳使人身遭受触电危险，将电气设备在正常情况下不带电的金属外壳与人体保护线（PE 或 PEN）相连，称为保护接零，如图 4—2 所示。在保护接零的情况下，当设备发生电源碰壳故障时，将直接造成电源的短路，借助于电气控制回路中的断路器或熔断器的动作使故障回路从电网中迅速分离，从而起到保护人员安全的作用。

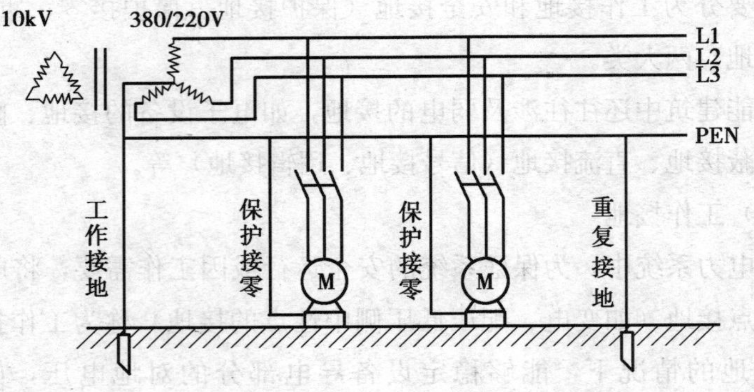

图 4—2　保护接零

（4）重复接地

在中性点直接接地的低压三相四线制或三相五线制保护接零系统中，将保护零线一处或多处通过接地体与大地做再一次的连接，称为重复接地。重复接地的作用是当人体保护线（PE 或 PEN）出现断点时，可以避免后续设备失去保护，最大限度地保护人员的安全。

（5）防雷接地

为保证防雷装置（避雷针、避雷器、避雷线）向大地施放雷电流，限制防雷装置对地电压不致过高而埋设的接地体，称为防雷接地。

2. 低压供电网的分类和保护方式

对于低压配电系统接地形式与安全问题，国际电工委员会在 1977 年通过的建筑电气装置标准中正式统一划分为三大类，即 IT 供电系统、TT 供电系统、TN 供电系统，而且根据不同的做法，在 TN 供电系统中又分 TN－C 供电系统、TN－S 供电系统、TN－C－S 供电系统。供电系统中字母所代表的意义见表 4—1。

表 4—1　　供电系统中字母所代表的意义

第一位	第二位	第三位	功能说明
I			表示电源侧中性点不接地或经高阻抗接地
T			表示电源侧中性点直接接地
	T		表示电气设备的金属外壳对地直接做电气连接，而与电源系统是否接地无关
	N		表示电气设备的金属外壳与电源系统的中性接地点引出的零线直接做电气连接
		C	表示在同一供电系统中，工作零线和保护零线功能合在一根导线上
		S	表示在同一供电系统中，工作零线和保护零线功能从中性点接地开始就完全分开在两根导线上
		C—S	表示在同一供电系统中，电源端工作零线和保护零线功能合一，输出供电后工作零线和保护零线功能完全分开
N，PE，PEN			工作零线、保护零线、工作零线和保护零线合一

（1）IT 供电系统及保护方式

IT 供电系统（见图 4—3）通常称为三相三线制接地系统。IT 供电系统系指电源侧中性点不接地，而电气设备的金属外壳采取保护接地。这种系统主要用于 10 kV 及 35 kV 的高压系统和矿山、井下的某些低压供电系统。该系统无中性线 N，只有线电压（380 V）无相电压（220 V），不同的电气设备具有不同的保护接地体，保护接地线 PE 与各自的接地体独立连接。

（2）TT 供电系统及保护方式

TT 供电系统（见图 4—4）通常称为三相四线接地系统（一般需配合漏电保护器）。TT 供电系统系指电源侧中性点直接接地，而电气设备的金属外壳采取保护接地。TT 系统的特点是中性线 N 与保护接地线 PE 无任何电气连接，即中性点接地与 PE 线接地是分开的。这种供电系统，主要用在低压公用变压器供电系统，即建筑物供电来自公共电网的地方。

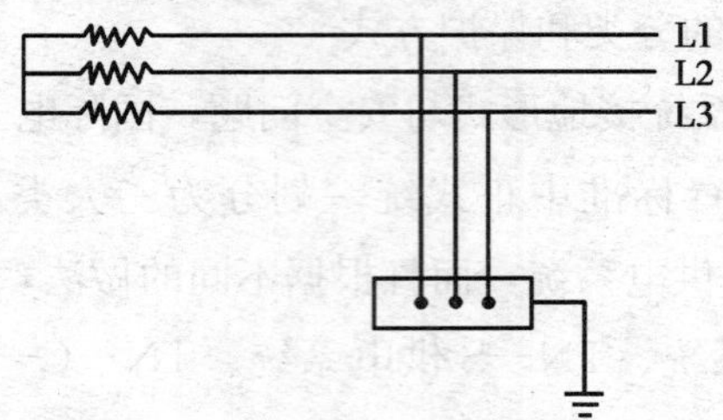

图 4—3　IT 供电系统

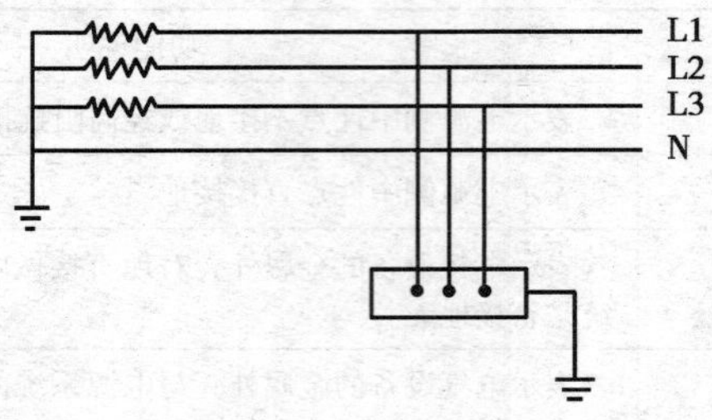

图 4—4　TT 供电系统

（3）TN－C 供电系统及保护方式

TN－C 系统（见图 4—5）通常称为三相四线制供电系统。TN－C 供电系统系指电源侧中性点直接接地，而电气设备的金属外壳采取保护接零。该系统的工作零线 N 与保护接地线 PE 合二为一，通称 PEN 线。这种供电方式造价低、线路简单，但它只适合用于三相负荷较平衡的场所。

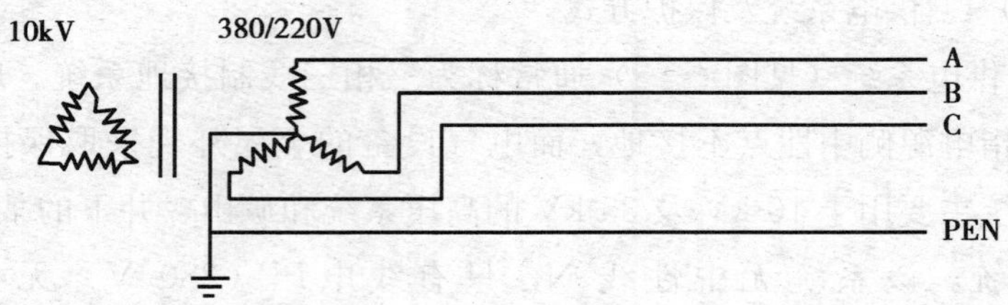

图 4—5　TN－C 供电系统

（4）TN－S 供电系统及保护方式

TN－S 系统（见图 4—6）通常称为三相五线制供电系统。TN－S

供电系统系指电源侧中性点直接接地，而电气设备的金属外壳采取保护接零。该系统的工作零线 N 与保护接地线 PE 各自独立，这种供电方式可靠性高、抗干扰能力强，但线路耗材较大，建筑物内设有独立变配电所时采用该系统。

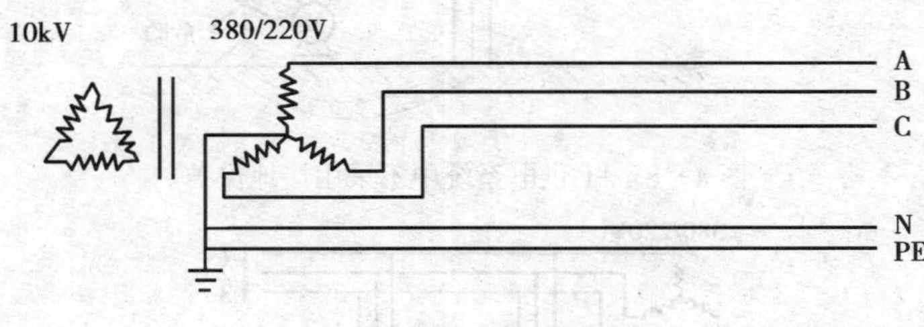

图 4—6　TN－S 供电系统

TN－S 系统的特点是，中性线 N 与保护接地线 PE 仅在变压器中性点共同接地，以后两线不再有任何的电气连接。中性线 N 是带电的，而 PE 线不带电。PE 线连接的设备外壳及金属构件在系统正常运行时，始终不会带电。

（5）TN－C－S 供电系统及保护方式

TN－C－S 供电系统（见图 4—7）是由 TN－C 供电系统向 TN－S 供电系统的过渡，它的工作零线和保护零线在整个供电系统中，前一部分是 TN－C 系统，后一部分是 TN－S 系统。分界面在 N 线与 PE 线的连接点，即由三相四线制供电系统变为局部的三相五线制供电系统。TN－C－S 系统一般用在建筑物的供电由区域变电所引来的场所，进户之前采用 TN－C 系统，进户处重复接地，进户后变成 TN－S 系统。该系统中性线 N 常会带电，保护接地线 PE 没有电的来源。

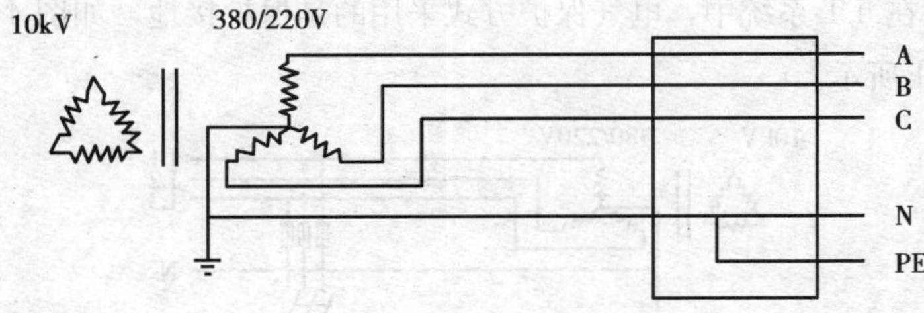

图 4—7　TN－C－S 供电系统

（6）保护接地的保护原理

1）在 IT 系统中，电气保护方式采用的是保护接地，如图 4—8 和图 4—9 所示。

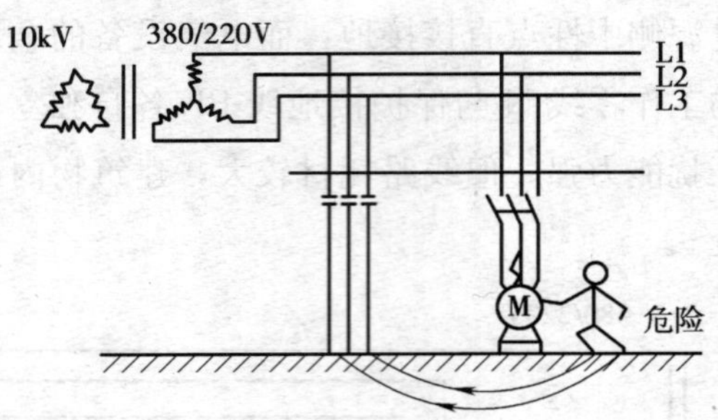

图 4—8　IT 供电系统中不采用接地保护

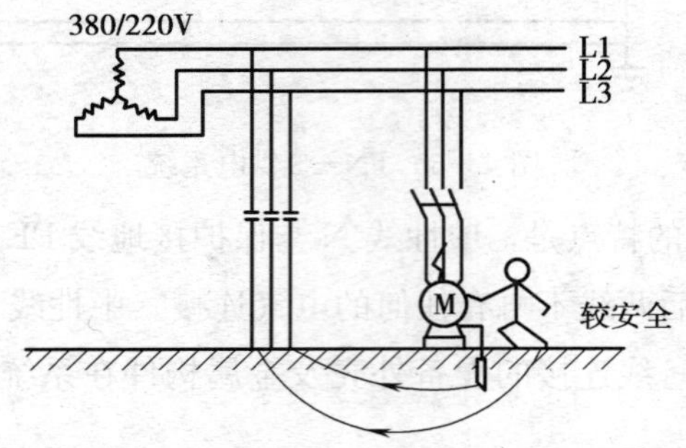

图 4—9　IT 供电系统中采用接地保护

在中性点不接地的低压供电系统中，如果电气设备外壳没有接地，当相线因绝缘损坏碰壳时，电气设备外壳对地呈现电网电压，若人体触及外壳，就有电流流过人体。如果电气设备外壳接地，当相线因绝缘损坏碰壳时，分两个路径流入大地，一路通过接地体，另一路通过人体。接地体和人体构成一个并联电路，人体的电阻通常在 1 700 Ω，而保护接地装置的接地电阻一般不大于 4 Ω。因此，接地体电阻越小，流经人体的电流越小，从而避免了人体触电危险，起到了保护作用。

2）在 TT 系统中，电气保护方式采用的是保护接地，如图 4—10 和图 4—11 所示。

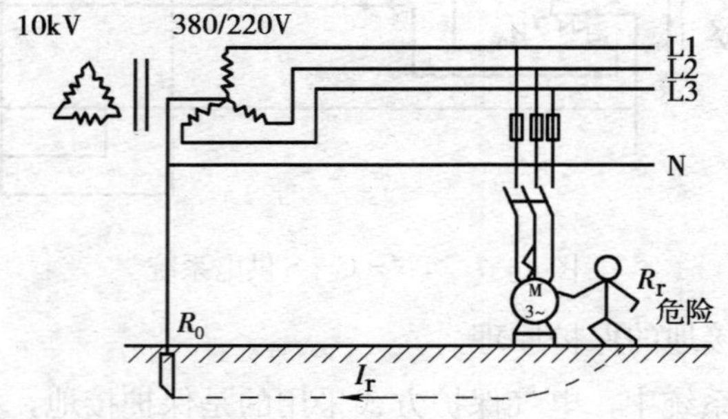

图 4—10　TT 供电系统中不采用接地保护

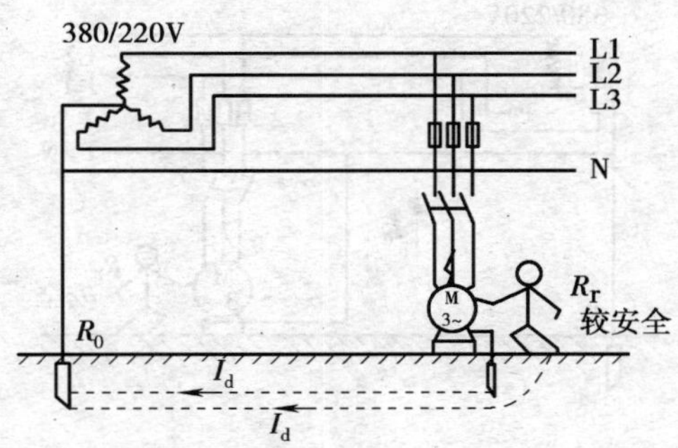

图 4—11 TT 供电系统中采用接地保护

在中性点直接接地的三相四线制低压供电系统中，如果电气设备外壳不采取保护接地，当电气设备因绝缘损坏碰壳时，其外壳对地呈现电网相电压，若人体触及外壳，变压器中性点工作接地电阻（R_0＝4 Ω）和人体电阻（R_r＝1 700 Ω）构成一个串联电路，流过人体的接地电流大约为 129 mA，超出了人体的安全电流（30 mA），足以使人心脏停止跳动。若电气设备外壳采用保护接地，当电气设备因绝缘损坏碰壳时，人体电阻和保护接地电阻构成一个并联回路后再与工作接地电阻串联。由于人体电阻远大于保护接地电阻（规定为不大于 4 Ω），接地故障电流大部分流过保护接地电阻。但由于工作接地电阻与保护接地电阻串联后的分压为 110 V，所以，人体仍会有大约 65 mA 的电流流过，依然存在触电的危险。所以，根据国际 IEC 标准，在 TT 供电系统中，应装设漏电保护器。

（7）保护接零的保护原理

在 TN 系统中，电气保护方式采用的是保护接零，如图 4—12 和图 4—13 所示。

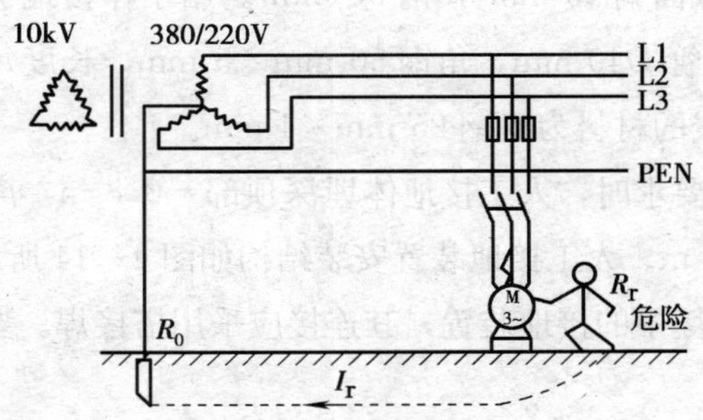

图 4—12 TN 供电系统中不采用接地保护

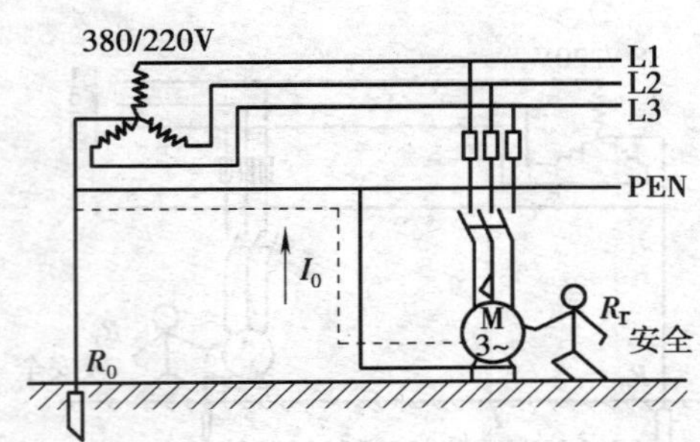

图 4—13　TN 供电系统中采用接地保护

在中性点直接接地的三相四线制低压供电系统中，如果电气设备外壳不采取保护接零，其对人体的伤害与 TT 系统相同，在此不再赘述。若电气设备外壳采用保护接零，当电气设备因绝缘损坏碰壳时，因零线阻抗很小，造成了电源的短路，单相短路电流很大，电气控制回路中的保护装置动作，故障回路将从电网中被摘除。消除触电危险，起到保护作用。

3. 接地装置的做法

（1）接地装置的构成

接地装置包括接地极和接地线。埋入地中并直接与大地接触的金属导体、导电模块，称为接地极，兼作接地极用的直接与大地接触的金属构件、金属导管、钢筋混凝土建筑物基础等称为自然接地极；电气装置、设施的接地端子与接地极及接地极间连接用的金属导体部分，称为接地线。

（2）人工接地装置

接地装置的导体应符合热稳定及机械强度的要求，还应考虑土壤的腐蚀，其最小截面铜 25 mm^2，钢 50 mm^2。用于作接地极的材料有：圆钢 ϕ18 mm，钢管 D40 mm，角钢 50 mm×5 mm，长度每根 2 500 mm，用作接地连接线的材料为扁钢 25 mm×4 mm。

1）无特殊要求时，人工接地体埋深顶部－0. 8 m，离开建筑物不小于 3 m，间距 5 m。人工接地装置安装结构如图 4—14 所示。

2）直埋土壤中的接地装置，其连接应采用搭接焊。要求搭接长度应符合下列规定：

①扁钢与扁钢搭接为扁钢宽度的两倍（当宽度不同时，搭接长度以宽的为准），不少于三面施焊。

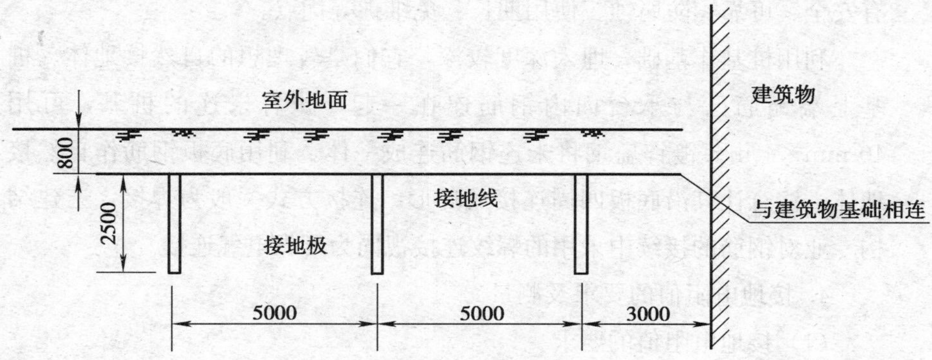

图 4—14　人工接地装置安装结构图

②圆钢与圆钢搭接为圆钢直径的 6 倍（当直径不同时，搭接长度以直径大的为准），双面施焊。

③圆钢与扁钢搭接为圆钢直径的 6 倍，双面施焊。

④扁钢与钢管，扁钢与角钢焊接，紧贴角钢外侧两面，或紧贴 3/4 钢管表面，上下两侧施焊。

3）降阻、防腐措施。在高土壤电阻率地区，可采用以下减低电阻的措施：如填充电阻率较低的物质或降阻剂。在永冻土地区，还可以将接地装置敷设在融化地带的水池或水坑中。

埋设地下接地装置时，为了防腐的需要，一般都采用热镀锌的型钢。接地模块是新型的人工接地体。它用钢或铜为基体金属，通过特殊工艺，在其外表覆盖一层有一定厚度的铜、铝、铅等有色金属，形成一种新型的抗腐蚀、低电阻接地模块，以适应不同酸、碱、盐等介质条件下的防腐需要。

接地模块应集中引线，用干线把接地模块并联焊接成一个环路，干线的材质与接地模块焊接点的材质应相同，钢制采用热浸镀锌扁钢，引出线不少于两处。接地模块顶面埋深不应小于 0.6 m，接地模块间距不应小于模块长度的 3～5 倍。实际使用中还要参阅供货商提供的有关技术说明。

智能建筑的接地装置应充分利用各种基础内的钢筋作自然接地体。当自然接地体的接地电阻不能满足要求时，另敷设外引人工接地体。

利用各种基础内的钢筋作自然接地体，由于装置大部分埋设在建筑结构内，不需要另外采用镀锌钢材，这样不但可以节省大量投资，还具有安全、可靠、防腐蚀、使用期长、免维护等优点。

利用桩基作基础，埋入深度较深，它们是较理想的自然接地体。桩基上端钢筋已与承台面内钢筋连在一起，如有未连的桩基，可用 40 mm×4 mm 镀锌扁钢将未连钢筋连成一体。利用底板钢筋作自然接地体，注意让其沿底板四周连接成环形。连接方式一般为焊接，土建结构专业对钢筋的接续中采用的螺纹连接视同为可靠电气连接。

4. 接地电阻值的要求及测量

（1）接地电阻值的要求

智能建筑接地装置的接地电阻越小越好，独立的防雷保护接地电阻应小于等于 10 Ω；独立的安全保护接地电阻应小于等于 4 Ω；独立的交流工作接地电阻应小于等于 4 Ω；独立的直流工作接地电阻应小于等于 4 Ω；防静电接地电阻一般要求小于等于 100 Ω。工程中常采用统一（联合）接地体，其电阻值按最低电阻要求。对于智能建筑，因有大量的电子设备，统一（联合）接地电阻值应小于等于 1 Ω。

各种接地采用共用接地系统的目的是达到均压、等电位以减小各种接地设备之间、不同系统之间的电位差。其接地电阻因采取了等电位连接，所以要按所有接入设备中要求接地电阻的最小值决定。

（2）接地电阻测试仪的使用

接地装置要保证有符合规定的接地电阻，需要专用仪表来进行测量。接地电阻测量仪（简称地阻仪）就是用于接地电阻测量的专用仪表，常用的有 ZC－8 型。

ZC－8 型测量仪主要由手摇发电机、电流互感器、滑线电阻及检流计等组成，全部机构都装在铝合金铸造的便携式外壳内，由于外形与普通摇表（兆欧表）相似，所以一般又称为接地摇表。使用地阻仪测量接地装置接地电阻分为以下步骤。

1）测量接地电阻前的准备工作及正确接线。地阻仪有三个接线端子和四个接线端子两种，它的附件包括两支接地探测针、三条导线（其中 5 m 长的用于接地板；20 m 长的用于电位探测针；40 m 长的用于电流探测针），如图 4—15 所示。

测量前做机械调零和短路试验，将接线端子全部短路，慢摇摇把，调整测量标度盘，使指针返回零位，这时指针盘零线、表盘零线大体重合，则说明仪表是好的。按图 4—15 所示接好测量线。

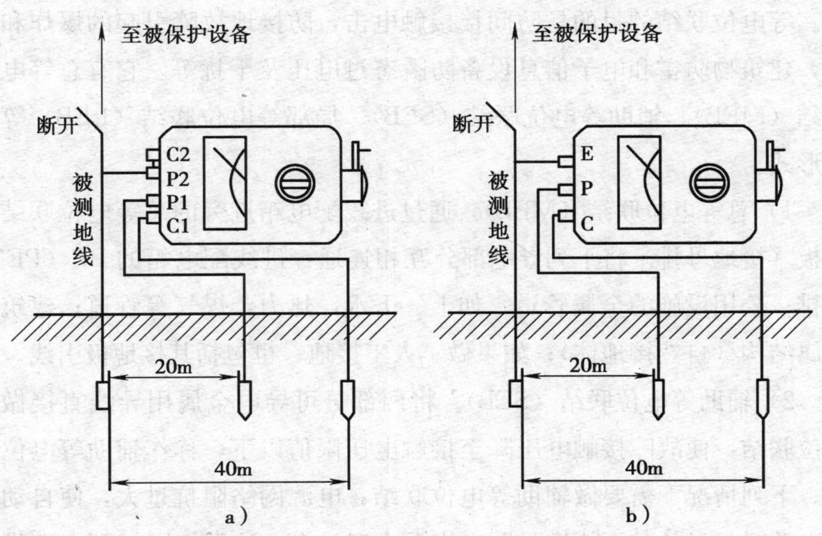

图 4—15　接地电阻测试仪测试连接

2）摇测时应注意：选择合适的倍率；摇动仪表摇把的速度要均匀，以 120 r/min 的速度摇动，旋转刻度盘，使指针指向表盘零位；读数时，接地电阻值为刻度盘读数乘以倍率。

（3）使用地阻仪的注意事项

1）二人操作。

2）被测量电阻与辅助接地极三点所形成的直线不得与金属管道或邻近的架空线路平行。

3）在测量时被测接地极应与设备断开。

4）地阻仪不允许做开路试验。

5. 智能建筑管理中的特殊接地要求

智能建筑管理中，在整个接地系统设计中，除做好上述的供电系统接地、防雷接地外，还有防静电接地、屏蔽接地、直流接地（信号接地、逻辑接地）等措施来满足电子设备的工作要求，保证电子设备不受电磁干扰，能正常运行，还要引入等电位的概念。

（1）等电位联结

国际上非常重视等电位联结的作用，它对用电安全、防雷以及电子信息设备正常工作和安全使用，都是十分必要的。建筑物的等电位联结安装在我国从 20 世纪 90 年代末期明确提出这一要求。国家建筑标准设计图集《等电位联结安装》对建筑物的等电位联结具体做法作了详细介绍。等电位联结的目的是防间接接触电击，防接地故障引起的爆炸和火灾，建筑物防雷和电子信息设备防瞬态过电压及干扰等。它有总等电位联结（MEB）、辅助等电位联结（SEB）、局部等电位联结（LEB）等几种形式。

1）总等电位联结（MEB）。通过进线配电箱近旁的总等电位联结端子板（接地母排）将下列导电部分互相连通：进线配电箱的 PE（PEN）母排；公用设施的金属管道，如上、下水，热力，煤气等管道；建筑物金属结构（自然接地体）；如果做了人工接地，也包括其接地极引线。

2）辅助等电位联结（SEB）。将两部分可导电金属用导线直接做等电位联结，使故障接触电压降至接触电压限值以下，称作辅助等电位联结。下列情况下需要做辅助等电位联结：电源网络阻抗过大，使自动切断电源时间过长，不能满足防电击要求时；自 TN 系统同一配电箱供给固定式和移动式两种电气设备，而固定式设备保护电器切断电源时间不能满足移动式设备防电击要求时；为满足浴室、游泳池、医院手术室等场所对防电击的特殊要求时。

3）局部等电位联结（LEB）。当需在一局部范围内做多个辅助等电位联结时，可通过局部等电位联结端子板将下列部分互相连通，以简便地实现该局部范围内的多个辅助等电位联结，被称作局部等电位联结：PE 母线或 PE 干线；公用设施的金属管道；如果可能，包括建筑物金属结构。

（2）程控交换机、消防、视频监控等设备的接地要求

智能建筑中，专用设备对其接地提出了特殊要求。

1）程控交换机要求采用单点接地方式，将电池的正极、机壳、熔断器报警三种接地分别用导线汇集至汇流排，再连接至接地极。程控用户交换机容量不同，对接地电阻值要求不同：程控用户交换机容量小于 1 000门时，接地电阻要求小于等于 10 Ω；程控用户交换机容量大于等于 1 000 门、且小于等于 10 000 门时，接地电阻要求小于等于 5 Ω；一般工作接地、保护接地与建筑物防雷宜分开设置，也可以采用共同接地装置，接地电阻小于等于 1 Ω。

2）安防电视监控系统设备要求采用单点接地。视频线同轴电缆的屏蔽层必须与机壳一起接地。专用接地干线采用铜芯绝缘导线或电缆，其线芯截面积应不小于 16 mm^2，接地电阻要求小于等于 4 Ω。也可以采用共同接地装置，接地电阻小于等于 1 Ω。

3）消防控制室应设置专用的接地板，用大于等于 25 mm^2 铜芯绝缘导线引至专用接地干线或基础处的共用接地装置。由专用的接地板至各消防电子设备用大于等于 4 mm^2 铜芯绝缘导线。

（3）信息系统机房的接地要求

国家标准《电子计算机机房设计规范》有如下规定，电子计算机机房接地装置的设置应满足人身的安全及电子计算机正常运行和系统设备的安全要求。电子计算机机房接地按其不同作用有：交流工作接地、安全保护接地、直流工作接地、防雷接地、防静电接地和屏蔽接地。

交流工作接地、安全保护接地，上面已经介绍过。防雷接地在下一节再论述。

1）信息系统的工作接地（直流接地）。在电子设备中，为了在电路中传输信息、转换能量、放大信号、输出指示，使其准确性高、稳定性好，就必须使信号电路的某一电位为基准电位。这种接地即为信号接地。在数字电路中，各个门电路信息的传递，也需要一个等位面作基准。这种接地，在计算机中叫逻辑接地。信号接地和逻辑接地通称直流接地。

2）防静电接地。电子设备通常是在较低电位状态下工作，信号幅度小，容易受到地电位差和外界磁场的干扰，因此，需要一个良好的直流工作接地，统一的公共参考零电位，以消除地电位差和磁场的影响。由于信息系统机房必须有一个比较干燥、清洁的环境，而在这种环境中极易产生静电，这种静电同样会对电子设备产生干扰。为了防止这种干扰，室内应采用导电地板（防静电地板）架设。导电地板间必须具有接地连续性措施，房间内金属构件都必须可靠接地。做好局部等电位或辅助等电位，能有效地防止静电带来的影响。

3）屏蔽线路接地。智能建筑中，由于设备与线路布置防护间距不够的问题是非常突出的，因此，防护间距不够的设备及布线都必须采取措施，以减弱或防止静电及电磁的相互干扰，这种措施称为屏蔽。静电屏蔽是防止静电场对信号回路的影响，电磁屏蔽主要为了防止外来电磁场及布线间直接电磁耦合对电子设备产生的干扰。

对于线路来说，为了防止来自布线间的相互干扰，电子设备的信号传输线、接地线等尽量远离产生强磁场的场所，在布线时尽量不要将有相互干扰的线路平行敷设，布线路径越短越好。当电磁干扰超过3 V/m，传输线应采用屏蔽缆线穿钢管或用金属线槽敷设，屏蔽层和金属管、槽两端必须接地。采用屏蔽缆线时，其屏蔽层应连续，全程屏蔽，接头处360°焊接，且两端接地。同轴电缆的屏蔽层必须与机壳一起接地，且保证接地良好。

二、防雷

1. 雷害的种类及危险性

（1）雷害的种类

雷电是大气中的一种自然放电现象。地面的湿气受热上升，在空中与不同冷热气团相遇，凝结成水滴或冰晶，形成积云。积云在运动过程中受到强烈气流撞击作用，使电荷发生分离，形成带正、负不同电荷的雷云。雷云中的电荷积聚到足够数量，就能冲破空气的绝缘形成雷云与雷云之间、雷云与大地之间的剧烈放电，出现强烈的闪光。由于放电时温度急剧升高，空气急剧膨胀，因而伴有轰隆隆的雷鸣声，称为雷电。

1）直击雷是雷云直接对建筑物或地面上的其他物体放电的现象。雷电直接击中建筑物或其他物体时，会产生很大的雷电流，并在其阻抗上产生较高的电压降。建筑物的顶部凸出部分或高层建筑物的侧面容易受到雷击。

2）感应雷又称雷电感应，分为静电感应雷和电磁感应雷两种。静电感应雷是当雷云接近地面时，由于静电感应会在建筑物上感应出大量异种电荷，当雷云向附近物体或其他雷云放电后，建筑物的电荷来不及立即疏散，残留电荷会产生很高的对地电位，如果沿导线、金属管道传入室内，有可能发生放电，引起火灾、爆炸，危及人身安全。电磁感应雷是当发生雷击时，雷电流的变化非常迅速，在周围空间产生迅速变化的强磁场，地面上或建筑物中的金属导体，由于电磁感应，则会产生感应电动势，如果是开口的环形导体，在开口处可能产生过电压或火花放电。

3）雷电波侵入又称高电位引入。当架空线或金属管道遭到雷击，以及由于雷云在附近放电，使架空线或金属管道感应出很高的电动势，这个高电位沿线路或管道迅速传进建筑物内部，称为雷电波侵入。雷电波侵入时，可能发生火灾及触电事故。

（2）雷电的危险性

雷电的破坏作用主要由雷电流的热效应、电磁效应及机械效应所引起。当先导放电到达另一雷云或大地时，其放电电流为雷电流，可达几十万安培，电压可达几百万伏，温度可达上万摄氏度。

1）雷电的热效应体现在雷电放电时能产生几十至上千安培的强大电流，在短时间内转换成热能，使雷电放电通道的温度可达数万度。虽然放电时间只有几十微秒，但是遇可燃物后便会发生燃烧。遭受雷击的建筑物、树木等，因通过强大的雷电流，会产生极大的热量，因在极短的时间内又不易散发出去，所以会使金属熔化，树木烧焦。当雷电流流过易燃易爆物体时，会引起火灾和爆炸等重大事故。

2）雷电的电磁效应表现在雷电流很大且变化迅速，在其周围会产生强大的电磁场，使附近导体上产生很高的感应电压，其峰值可达几十万伏。它足以击穿一般电气设备的绝缘，造成短路，导致火灾和爆炸。有时还会沿着导线或金属管道将高压引进建筑物内，造成设备和人身事故。

3）雷电的机械效应为强大的雷电流会产生巨大的电动力，在巨大的机械力作用下，可摧毁设备、建筑物，造成房屋倒塌、物体劈裂等严重事故。

由以上可知，雷击对建筑物会造成巨大危害，尤其对于智能建筑内的弱电设备，绝缘水平较低，即使来自雷电的反击或感应电压，也足够会造成电子设备的损坏，或者会造成电子设备的严重干扰。因此，对建筑物和电气设备应采取必要的防雷措施。

（3）不同雷害种类的防护措施

雷害有直击雷、侧击雷、感应雷、雷电波侵入，感应雷包括电磁感应、静电感应。电磁感应是由于雷电流迅速变化在其周围空间产生瞬变的强电磁场，使附近导体上感应出很高的电动势。静电感应是指：由于雷云先导的作用，使附近导体上感应出与雷云相反极性的未传电荷，雷云放电时，先导通道中的电荷迅速中和，在导体上的感应电荷得到释放，如不就近进入地下就会产生很高的电位。雷电波侵入是指由于雷电对架空线路或金属管道的作用，雷电波可能沿着这些管线侵入屋内，危及人身安全或损坏设备。

1）防直击雷的措施。可在建筑物本体上装设固定防雷装置。一套完整的防雷装置由接闪器、引下线和接地装置三部分构成。接闪器是用来吸引雷电的，是直接遭受雷击的部分。其基本形式有避雷针、避雷带、避雷网等，它们安装在建筑物顶部，用金属材料制成。建筑物的金属屋顶和金属构件，如金属烟囱、金属栏杆、风管等，厚度超过 4 mm 时，都可兼作接闪器。接闪器通过引下线与接地装置相连。引下线的作用是构成雷电流的通路，一般用圆钢或扁钢制成，其截面大小应能承受通过雷电流。也可利用建筑物的金属构件、建筑物钢筋混凝土内的钢筋作为防雷引下线，使其构成电气通路。接地装置是埋设在地下的金属导体，它的作用是使雷电流迅速流散到地下，限制防雷装置对地电压过高。接地装置一般采用垂直埋设角钢、圆钢、钢管或水平埋设的扁钢、圆钢组成，也可利用建筑物的钢筋混凝土基础内的钢筋，埋设在地下的金属构件等作为接地装置。

2）防感应雷的措施。可在建筑物屋面上安装收集电荷的金属装置，用来收集感应静电荷。当建筑物上空雷云放电后，建筑物上残留的电荷可通过引下线迅速引入大地，从而防止建筑物出现高电位。因此，避雷带、避雷网不仅能防直击雷，还可防止感应雷的危害。对设备的隔离，使设备尽可能地远离防雷系统，可减少、防止感应雷的危害。对于建筑物钢结构及金属管道、金属构架等，当距离较近时，应按规范要求，每隔一定距离用金属线跨接起来，形成均压，这也是防感应雷的措施之一。

3）防雷电波侵入的措施。由于雷电对架空线或金属管道的作用，雷电波沿着这些管线侵入建筑物内，会损坏设备或危及人身安全。为防雷电波侵入建筑物，可安装避雷器和保护间隙，将雷电流在室外引入地下。也可以采取总等电位联结（MEB）的方法：将由建筑物外部引入的公用设施的金属管道，如上、下水，热力、煤气等管道与大地连接起来，这也是防雷电波侵入的措施之一。

2. 各类建筑物、构筑物的防雷要求

建筑物的防雷措施，应根据环境条件、雷电活动情况和建筑物的特点而采取不同的措施。建筑物的防雷要求是根据建筑物的重要性、使用性质、影响后果等来划分的，不同性质的建筑物其防雷措施是不同的。在建筑电气设计中，把建筑物按照防雷等级分成三类。

（1）第一类防雷的建筑物

1）凡在建筑物中制造、使用或储存大量爆炸物质，或在正常情况下能形成爆炸性混合物，因电火花而引起爆炸，造成巨大破坏和人身伤亡者。

2）具有特别重要用途的建筑物，如国家级的会堂、办公大楼、大型展览会建筑、特等火车站、国际性的航空港、通信枢纽、国宾馆、大型旅游建筑、国家级重点文物保护的建筑物、超高层建筑物等。

（2）第二类防雷的建筑物

1）特征同第一类第1条，但不致造成巨大破坏和人身伤亡者；或在不正常情况下才能形成爆炸性混合物，因电火花而引起爆炸造成巨大破坏和人身伤亡者。

2）重要的或人员密集的大型建筑物。例如部、省级办公楼，省级大型集会、展览会，体育、交通、通信、广播、商业、影剧院建筑等。

3）省级重点文物保护的建筑物。

4）19层及以上的住宅建筑和高度超过50 m的其他民用和一般工业建筑物。

（3）第三类防雷的建筑物

1）凡不属第一、二类防雷的一般建筑物而需要做防雷保护。

2）建筑群中高于其他建筑物或处于边缘地带的高度为20 m以上的民用和一般工业建筑物；建筑物超过20 m的凸出物体。在雷电活动强烈地区其高度可为15 m以上，雷电活动较弱地区其高度可为25 m以上。

3）高度超过15 m的烟囱、水塔等孤立的建筑物。在雷电活动较弱地区，其高度可在20 m以上。

4）历史上雷害事故严重地区的建筑物。

对于第一、二类防雷等级的建筑物，应有防直击雷、防雷电感应和防雷电波侵入的措施，对于第三类防雷等级的建筑物，应有防直击雷和防雷电波侵入的措施，不属于第一、二、三类防雷等级的建筑物，可不设防直击雷，但应设防止雷电波沿低压架空线侵入的措施。

3. 固定防雷设施

（1）接闪器

建筑物的屋角、屋脊、女儿墙与屋檐，均易遭受到雷击，设置在屋顶上的设备，更是雷击的主要对象。为了有效防止雷击，可以采用针带组合接闪器。避雷针、避雷带、避雷网作为接闪器的防雷装置，其作用原理是：将雷电引向自身，使雷云与接闪器之间放电，通过引下线将雷电流引入地下，由接地装置将雷电流迅速流散到地下，从而保护了建筑物免遭雷击。具体做法是：

1）建筑物顶部的避雷针、避雷带等必须与顶部外露的其他金属物体连成一个整体的电气通路，且与避雷引下线连接可靠。屋面上所有的金属凸出物，如卫星和共用天线接收装置、节日彩灯、金属管道、烟囱等，均应与避雷带可靠连接；使墙沿均在避雷带保护范围内。再在屋顶最高点或重点部位设置避雷针，它们的保护范围，用滚球法确定。针带组合接闪器必须与外墙柱子钢筋（引下线）做可靠连接。

2）避雷针、避雷带应位置正确，焊接固定的焊缝饱满无遗漏，螺栓固定的应备帽等防松零件，焊接部分应补刷防腐油漆。

3）避雷带宜装在建筑物外沿和建筑物凸出部分，平正顺直。雷带用不小于 ϕ10 mm 镀锌圆钢，固定点支持件间距均匀、固定可靠。水平敷设时，支架间距不大于 1 m，拐弯处不大于 0.5 m，支架高度不小于 0.1 m。

4）避雷网、引下线的间隔要求见表 4—2。

表 4—2　　避雷网、引下线间隔要求　　m

类别	避雷网尺寸	引下线
一类避雷网	5×5 或 6×4	不大于 12
二类避雷网	10×10 或 12×8	不大于 18
三类避雷网	20×20 或 24×10	不大于 25

上述做法是目前国内外广泛运用的接闪器形式，另外还有机械式多针接闪器（半导体消雷器、导体消雷器）、电子式脉冲接闪器（法国依丽达消雷器、英国 PREVCTRON 消雷器）和限流式接闪器（DR 消雷器）。

（2）引下线

引下线是连接接闪器与接地装置用的金属导体，防雷接地引下线，可以有两种方式引下接地。暗装的引下线是利用柱子内主钢筋作为防雷接地引下线，柱子下端钢筋应与基础钢筋相连。柱子上端钢筋应与屋顶层内钢筋，并与屋顶防雷接闪器连成可靠的电气通路。钢筋之间的连接，结构工程中采用螺纹连接，电渣压力焊或绑扎都视同为电气通路。这种方式，雷电泄漏点多，不损坏建筑物外观，且节约材料，施工方便，是值得推广的方式。

另一种方式是明敷防雷接地引下线，可采用大于等于 ϕ10 mm 镀锌圆钢，引下线间距不大于 18 m。采用明敷防雷接地引下线时，还必须注意建筑物的外观，要紧贴外墙。明敷的引下线应平直、无急弯，与支架焊接处应刷油漆防腐。明设接地引下线支持件间距水平直线部分一般为 0.5～1.5 m，垂直部分为 1.5～2 m，转弯部分为 0.5 m。

明装引下线在地面 1.7 m 以下的一段，为防止损坏，可用角钢或 PVC管保护。如用钢管保护时要与引下线做电气连通，不连通的钢管则如一个短路环一样，套在引下线外部，存在互抗，泄放电流受阻，引下线电压升高。且易产生由于电磁感应的反击现象，危及人身安全。

还应该注意的是：建筑物外墙的金属（包括建筑物金属门窗、幕墙金属框架）应就近通过引下线与接地干线可靠连接，连接处不同金属间应有防电化腐蚀措施。

引下线与接地装置的交接处，宜在室外距地面 0.3～1.7 m 处做接地连接板，并可同时作为检测点。交接处以下部分使用不应小于 ϕ12 mm 镀锌圆钢或 25×4 镀锌扁钢。如图 4—16 所示。

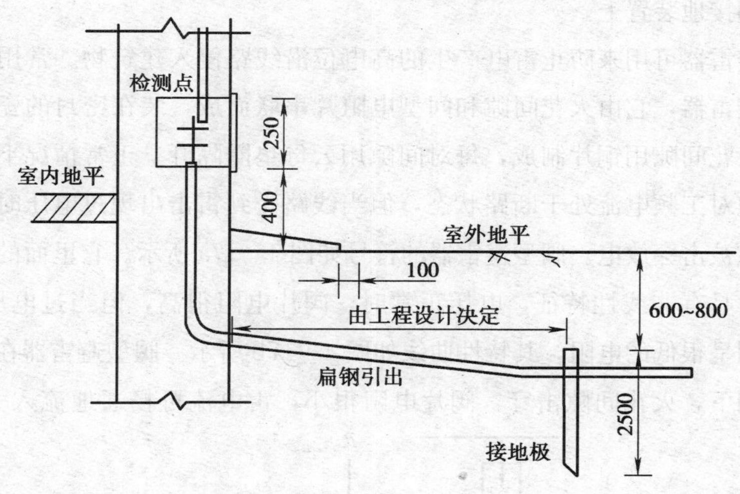

图 4—16 检测法做法示意图

(3) 接地装置

建筑物尽量采用统一接地。关于接地电阻值：一般采用防雷接地与工作接地合一的方式，当联合接地时，电阻不大于 1 Ω；防雷单独设接地时，接地电阻不大于 10 Ω。

尽量利用建筑物钢筋混凝土内的钢筋，当结构基础有被绝缘性好的材料包裹的防水层时，应在高出地下水位 0.5 m 处引出防水层，以便当接地电阻值不能达到要求时，与建筑物周围的人工接地体相连。

人工垂直接地级一般为 2.5 m。为了减少相邻两接地体的屏蔽效应，两根接地极的距离一般应为 5 m，当受地方限制时可适当减少。接地体的埋设深度不应小于 0.5 m，北方地区在冻土层之下。埋设越深，土壤湿度和温度的变化越小，接地电阻越稳定。为防止跨步电压伤人，防直击雷的人工接地体距建筑物出入口和人行通道不应小于 3 m，否则采取措施。如局部深埋不小于 1 m，应采取均压措施或水平接地体上方加沥青层绝缘，以防止雷击时跨步电压过高而危及人身安全。

4. 配电系统的避雷器

为防止雷电波由输电线引入建筑物内部，安装避雷器和保护间隙是其有效措施。另外，可把进入建筑物的各种金属管道和各种线路全线埋入地下，并在入户处将其相应部分接地。电缆进线时在入户端将其金属外皮接地，当采用架空线入户时，在入户处或接户杆上应将绝缘子的铁脚接到接地装置上。

避雷器可用来防止雷电产生的高电位沿线路侵入建筑物。常用的有阀型避雷器，它由火花间隙和间型电阻片串联而成，装在密封的瓷导管内。火花间隙用铜片制成，每对间隙用云母垫圈隔开。正常情况下，火花间隙对工频电流处于断路状态，但当线路受到雷击出现过电压时，火花间隙被击穿放电。阀型避雷器的符号如图 4—17a 所示。它里面的阀型电阻片具有非线性特征，电压正常时，阀片电阻很高，但当过电压时，阀片则呈很低的电阻，其特性曲线如图 4—17b 所示。阀型避雷器在过电压作用下，火花间隙击穿，阀片电阻很小，雷电流可畅通地流入大地。

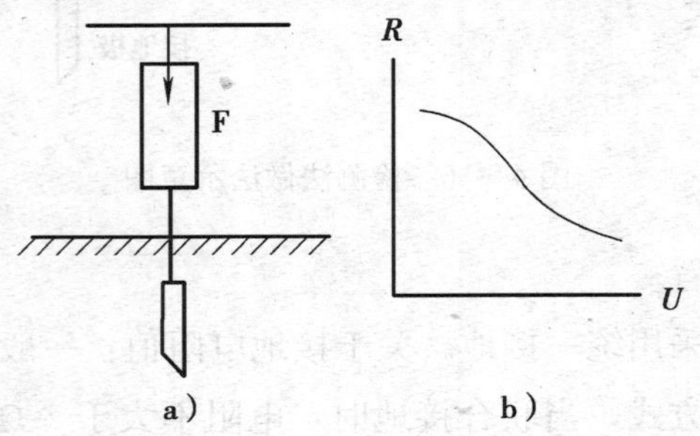

图 4—17　阀型避雷器

当过电压消失后，线路恢复工频正常电压，阀片又呈现很高的电阻，火花间隙也恢复绝缘，从而线路恢复正常工作。

保护间隙（见图 4—18）是一种简单、经济的防雷设备，又称羊角间隙，其中一个电极接入线路，另一个电极接地。在正常情况下，由于有空气隙，它把大地与线路隔开。遭雷击时，过电压将空气隙击穿，使雷电流流入大地。它是简单、经济的防雷设施，但保护性能差，灭弧能力小，易造成短路故障和跳闸。

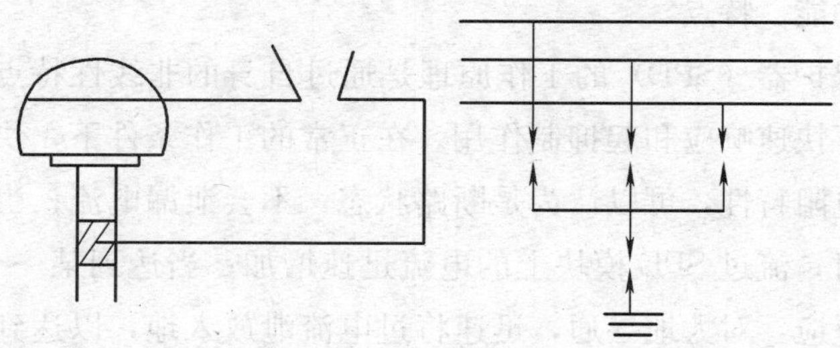

图 4—18　保护间隙示意图

5. 电子设备的避雷器防雷措施——电涌保护器（SPD）

SPD 也称为浪涌过电压防护器，是防感应雷和雷电波侵入的一种元件。

建筑物固定防雷系统能防直击雷，而雷电具有高电压、大电流和瞬时性特点，强大的雷电产生静电场。感应雷沿各种导线（包括配电线、电话线、电视信号线等），直接耦合作用于电子元件上。电子设备的工作电压较低，耐压水平也低，即使来自雷电的感应电压，也足以造成电子设备的损坏，或者会造成对电子设备的严重干扰。

建筑物共用防雷接地网和等电位联结等都能取到一定的作用，但为了更有效抑制传导来的线路过电压，采用电涌保护器 SPD 保护。在进线处和重要机房设置，弱电各机房内的避雷器应用最短的引下线（接地线）与接地干线连接。

（1）类型

电涌保护器（SPD）是用于限制瞬时过电压和泄放电涌电流的电器，它至少包含一个非线性电压限制元件。电涌保护器（SPD）有电压开关型 SPD、限压型 SPD、组合型 SPD 等。

1）电压开关型 SPD。无电涌出现时为高阻抗，当出现电压电涌时突变为低阻抗。通常采用放电间隙、气体放电管、晶闸管和双向可控硅元件作这类 SPD 的组件。这类 SPD 为短路开关型。

2）限压型 SPD。无电涌出现时为高阻抗，随着电涌电流和电压的增加，阻抗跟着连续变小。通常采用压敏电阻、抑制二极管作这类 SPD 的组件。这类 SPD 为限压型 SPD。

3）组合型 SPD。由电压开关型组件和限压型组件组合而成，可以显示为电压开关型或限压型或这两者都有的特性，这取决于所加电压的特性。

（2）功能、特点

电涌保护器（SPD）的工作原理是通过自身的非线性特点，实现对浪涌过电压快速响应和起抑制作用。在正常的工作条件下，快速响应模块呈现高电阻特性，可以认为是断路状态，不会泄漏电流；当线路上出现过电压时，流过 SPD 模块上的电流迅速增加，当达到某一个极限时，模块发生反应，对大地导通，迅速将过电流泄放入地，以达到保护设备的目的。

它的原理是限制瞬态过电压和分走电涌电流，不论哪一种，它的接地线和接地电阻必不可少。

在选择 SPD 设备时，要考虑几个参数，即：SPD 的冲击流容量、工作频率、限制电压（加到负载上的最大残压）、泄漏电流、响应时间、质量和外形尺寸等。

（3）智能建筑管理中的应用

当智能建筑内有多个电气系统共存时，雷电电磁脉冲进入电子设备的通道有四个方面：电源系统、天线和馈线系统、信号系统、接地系统。合理地屏蔽和接地是减少浪涌电压对人身和设备破坏的根本前提和途径。为保证电子设备免受浪涌过电压的破坏，在建筑物的屏蔽和接地措施达不到保护相应电气及电子设备的要求时，为减少电磁脉冲的破坏，应根据实际情况加装浪涌防护，既不影响设备的正常工作，又将浪涌过电压限制在相应设备的耐压等级范围内。如图 4—19 所示。

1）电源电涌防护器。电源线路多级 SPD 防护，主要目的是达到分级泄流。通过合理的多级泄流能量配合，保证 SPD 有较长的使用寿命和设备电源端口的残压低于设备端口耐雷电冲击电压，确保设备安全。如图 4—19a 所示。

SPD 一般并联安装在各级配电柜（箱）开关之后的设备侧。SPD 连接导线应平直，导线长度不宜大于 0.5 m，其目的是降低引线上的电压，从而提高 SPD 的安全保护性能，逐级可靠启动泄流。

2）天馈电涌防护器。对有卫星天线和无线局域网室外天线，应有天馈线路 SPD 接入机房等电位接地母排，通过它最终接入电气竖井的接地干线，如图 4—19c 所示。

3）信号电涌防护器。电视、电话、计算机网络，按不同类型、接口、工作电压、传输速率来选择。图 4—19d 所示为电话保安器接线图。

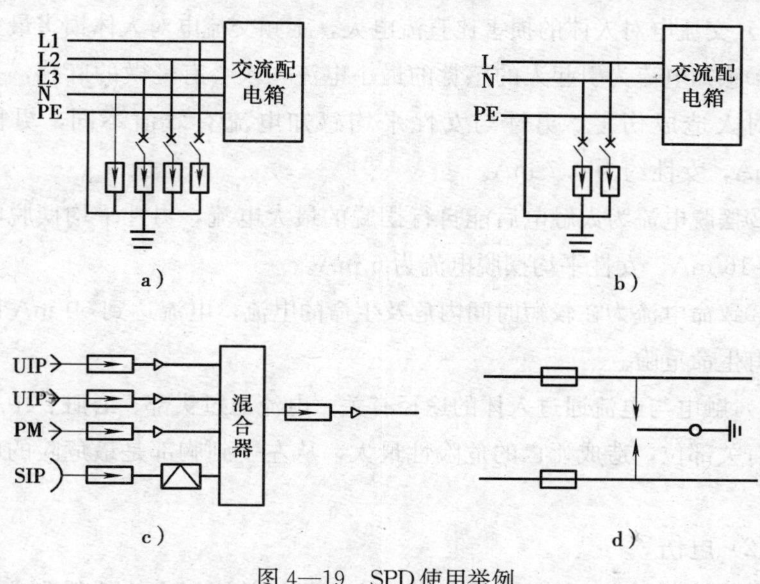

图 4—19　SPD 使用举例

a）电源避雷器接线图（一）　b）电源避雷器接线图（二）

c）天线避雷器接线图　d）电话保安器接线图

第二节　安全用电

一、安全用电常识

1. 触电的种类

人体触电可以分为直接触电和间接触电。直接触电是指人直接与带电体接触而触电（如电击和电伤）；间接触电是人体间接受到了电流的影响而触电（如电气漏电和跨步电压）。

（1）电击

电击是指电流通过人体内部破坏人体内部组织，影响呼吸系统、神经系统和心脏的正常功能，特别是严重时会引起心室颤动或窒息造成死亡。

1）触电对人体的伤害与通过人体的电流成正比。

2）电流通过人体的持续时间越长，危害越大，尤其是当通电时间超过心脏搏动周期时，极易造成心室颤动引起死亡。

3）交流电对人体的损害比直流电大，工频交流电对人体损害最大。

①感知电流为引起人的感觉的最小电流，人会有轻微的麻感，一般不会对人造成伤害，男性与女性平均感知电流有效值不同，男性为 1.1 mA，女性约为 0.7 mA。

②摆脱电流为人触电后能自行摆脱的最大电流，男性平均摆脱电流为 9～16 mA，女性平均摆脱电流为 6 mA。

③致命电流为在较短时间内危及生命的电流。电流达到 50 mA 以上就会有生命危险。

4）触电与电流通过人体的途径有关，电流通过头部、心脏、中枢神经或有关部位，造成死亡的危险性最大，从左手到胸部是最危险的电流途径。

（2）电伤

电伤是指电流的热效应、化学效应或机械效应对人体外部造成的局部伤害，有电弧烧伤、电烙印等。电伤会在人体皮肤表面留下明显的伤痕。电弧烧伤是电伤的主要形式，一般有以下几种原因：

1）由于错误操作引起线路短路而造成的电弧烧伤。

2）带负荷拉开没有灭弧装置的刀开关，尤其是感性负荷。

3）当线路短路、开启式熔断器熔断时，炽热的金属微粒飞溅可能造成灼伤。

2. 触电的主要形式

触电的发生是人体触及带电体、接近高电压区域、进入带电接地体区域。触电主要形式有三种。

（1）单相触电

人体在地面或接地导线上，某一部位触及一相带电体的称单相触电。单相触电的危险程度与电网运行方式有关。一般情况下，接地电网的单相触电比不接地电网的危险性大。

（2）两相触电

人体两个部位同时触及同一电源任何两相带电体，称两相触电。两相触电事故的危险性较大。

（3）跨步电压触电

当带电体接地有电流流入地下时，电流在接地点周围土壤中产生电位差（距离带电体 20 m 处地表电位为零）。人在接地点周围两脚之间（人的跨距一般按 0.8 m）出现的电位差即为跨步电压。由此引起的触电称为跨步电压触电。

3. 电气安全指标

电气安全指标是安全用电的技术保障，内容涵盖于安全用电技术措施中，主要内容包括绝缘电阻、接地电阻、安全电压和安全间距。

（1）绝缘电阻

绝缘电阻是保证电气设备及线路安全运行的主要技术指标，是各类电气设备和线路安装及运行的主要监视内容。

1）电力变压器在投入运行前的绝缘电阻应不低于 300 MΩ（电压 3～10 kV，温度 30℃）。

2）电动机的绝缘电阻

①交流电动机额定电压在 1 kV 以下，常温下的绝缘电阻值不小于 0.5 MΩ。

②直流电动机的绝缘电阻值不低于 0.5 MΩ。

③手持电动工具绝缘电阻应不小于表 4—3 所列数值。

表 4—3　　手持电动工具绝缘电阻值

测量部位	绝缘电阻值/MΩ
Ⅰ类工具带电零件与外壳之间	2
Ⅱ类工具带电零件与外壳之间	7
Ⅲ类工具带电零件与外壳之间	1

3）电气线路与电缆

①1 kV 以下的配电线路的绝缘电阻值不应小于 2 MΩ，1 kV 以上架空电力线路的绝缘电阻值由支撑绝缘子决定，35 kV 以下的绝缘子支持的线路绝缘电阻不应小于 500 MΩ。

②电力电缆的绝缘电阻三相不平衡系数不应大于 2.5。

4）变压电器、真空断路器、隔离开关、负荷开关及变压熔断器等的绝缘电阻值均应在 1 200 MΩ 以上。

5）低压电器、附属零件、所接电缆及回路的绝缘电阻值不应小于 1 MΩ，在潮湿环境中不得小于 0.5 MΩ。

（2）接地电阻

接地电阻是接地体的流散电阻。接地体有自然接地体和人工接地体两种。电气系统的接地电阻是由电气设备接地要求、电网运行方式、土壤电阻率等条件的不同决定的，电气系统的接地电阻允许最大值按规定分为以下几类：

1）变压器中性点接地的接地电阻值应不大于 4 Ω。

2）保护零线重复接地的接地电阻值应不大于 10 Ω。

3）防直击雷、感应雷共用接地的接地电阻值应不大于 10 Ω。

4）烟囱接地电阻值应不大于 30 Ω。

（3）安全电压

为了防止触电事故而采用由特定电源供电的电压系列称为安全电压。安全电压也指人体较长时间接触而不致发生触电危险的电压。国际电工委员会（IEC）规定安全电压限定值为 50 V，我国对安全电压的规定为：安全电压的额定值为 42 V，36 V，24 V，12 V，6 V（工频有效值），具体等级和适用场所见表 4—4。

表 4—4　　安全电压的等级及选择表

安全用电		选用举例
额定值/V	空载上限值/V	
42	50	在有触电危险的场所使用的手持式电力工具等
36	43	在矿井、多导粉尘等场所使用的行灯等
24	29	可供某些具有人体可能偶然触及的带电体的设备选用
12	15	
6	8	

以上电压等级应根据使用环境、人员和使用方式等因素选用本标准中所列的不同等级的安全电压。

4. 触电的急救措施

一旦发现有人触电应尽快使触电者脱离电源，然后根据触电者的具体情况采取相应的现场急救措施。

（1）脱离电源的方法

1）低压触电脱离电源的方法

①拉闸断开就近的电源开关或拔掉插头，断开电源。

②如果就近无开关可断或距离开关很远时，可用有绝缘柄的工具以及干燥的木棒（或塑料、橡胶、棉制品等物品）挑开、推开、断开触电者接触的电线或电气设施。

③当电线搭落在触电人身上或被压在身下时，救护人可站在干燥木板上或绝缘垫上，用干燥的衣服、手套、麻绳、木板等绝缘品作为救护工具，拉开或挑开电线使之脱离电源。

2）高压触电脱离电源的方法

①立即通知供电单位紧急停电。

②断开就近的高压断路器。

③穿好绝缘靴，戴好绝缘手套，用相应电压等级合格的绝缘工具按顺序拉开开关断电。

④用抛掷挂接地线的方法，使线路短路接地跳闸，迫使保护装置动作，断开电源。

3）脱离电源的注意事项

①救护者不能直接用手去拉触电者，最好一只手操作，以防自身触电。

②触电者在高处时应有防摔的措施，也应注意触电人倒下的方向，避免触电人头部摔伤。

③如在夜间发生触电，应迅速安装临时照明。

④用抛掷挂接地线的方法，使线路短路接地跳闸，迫使保护装置动作，断开电源。

（2）现场急救措施

当触电人脱离电源后，应根据触电者的具体症状，迅速进行现场救护。

1）根据触电者身体症状确定急救方法

①触电者神志清醒，可以回答问话、全身无力、有些心慌、四肢发麻，应立即就地休息，不能走动或坐或卧，减轻心脏负担。同时迅速请医生前来诊治或送往医院。

②触电者神志不清已失去知觉，如呼吸正常应将其抬到空气流通且干燥温暖的地方安静地平躺，解开衣扣，暂不做人工呼吸并迅速请医生到现场诊断治疗。医生到来之前仔细观察，如出现呼吸困难应立即进行人工呼吸，直到医生到现场。

③已失去知觉呼吸困难的触电人，应立即进行人工呼吸，医生到来之前不能停止人工呼吸急救。

④对呼吸或心脏跳动都已停止的触电者，应立即施行人工呼吸和胸外心脏挤压术，中间不得间歇和停止，直至医生到达现场急救。同时尽快送到医院急救，途中不得停止人工呼吸和胸外心脏挤压术。

2）口对口（鼻）人工呼吸。在急救前应迅速清除触电者口腔内的食物或黏液以及假牙等，保持呼吸道通畅，并将衣扣、裤带解开，不要让触电者直接躺卧在潮湿或混凝土地面上急救，人工呼吸应连续交替进行，如果触电人有极微弱自主呼吸时，人工呼吸仍需继续进行，直到呼吸正常为止。经医生诊断没有救护希望时，才可停止急救，否则应继续进行。

①口对口（鼻）人工呼吸时，应使触电者仰卧，使其头部充分后仰，鼻孔朝上，以便呼吸道畅通，如图 4—20 所示。

②救护者一只手捏紧触电者的鼻孔，另一只手的拇指和食指掰开他的嘴，救护者深吸一口气后紧贴触电者的口向内吹气（如图 4—21 所示），时间约 2 s，使其胸部膨胀。

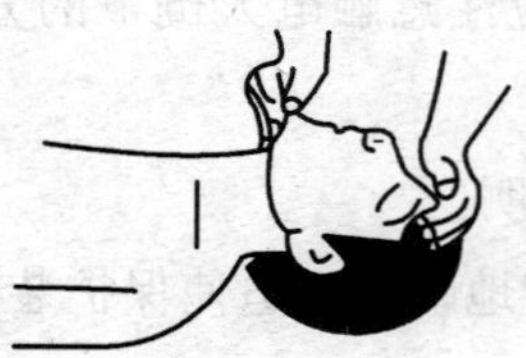

图 4—20　人工呼吸的准备

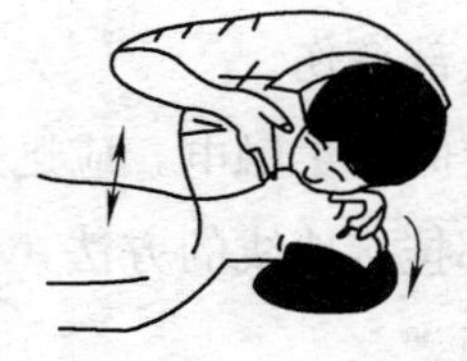

图 4—21　救护者向触电者口内吹气

③吹气后立即离开触电者的口，并放松触电者的嘴（鼻），让其自行呼吸约 3 s，触电人如为年老体弱者或儿童，吹气用力时要适度。

3）胸外心脏挤压法。胸外心脏挤压法是触电人心脏停止跳动后，使心脏恢复跳动最有效的急救方法之一。采用胸外心脏挤压法时应使触电者仰卧在比较坚实的地方，姿势与口对口（鼻）呼吸法相同。具体方法如下：

①救护者跪在触电者一侧，两手相叠，手掌根部放在心窝上方、胸骨下 1/3～1/2 处，如图 4—22 所示。

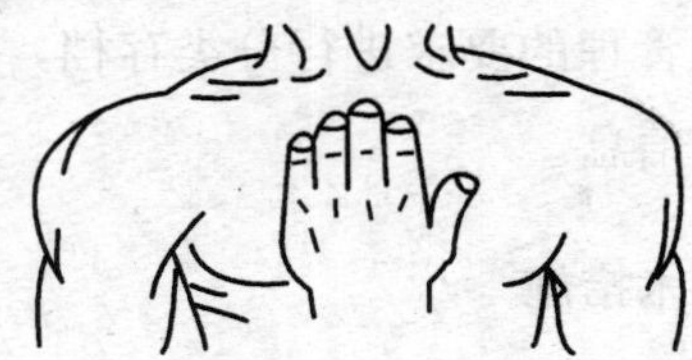

图 4—22　胸外心脏挤压法

②掌根用力垂直向下（脊背方向）挤压，压出心脏里面的血液，用力要适中，不得太猛。对成人应压陷 3～4 cm，每分钟挤压 60 次，对儿童应用一只手挤压，用力要比挤压成人稍轻一些，压陷 1～2 cm，每分钟挤压 100 次。

③挤压后手掌根突然抬起，让触电者胸部自动复原，血液充满心脏，放松时掌根不要离开压迫点。

应当知道，心脏跳动和呼吸是相互联系且同时进行的，一旦呼吸和心脏跳动都停止了，应该及时采用口对口（鼻）人工呼吸和胸外心脏挤压法交替进行抢救，每吹气 2～3 次，再挤压 10～15 次，且吹气和挤压的速度也要相应加快。

5. 防止触电的主要措施

为了保证电气系统、设备和人身安全，必须在采取技术管理措施的同时，还要健全组织管理措施，组织管理包括建立管理机构、制定规章制度，坚持安全教育和建立安全资料档案。

(1) 建立管理机构

为做好电气安全管理工作，应设专人负责电气安全工作，并建立逐级负责电气安全的人员架构。

(2) 制定规章制度

建立健全安全规章制度，包括安全操作规程、电气安装规程、设备运行管理规程和维护保养制度等。

(3) 安全教育

加强对电气工作人员的教育、培训考核工作，使电气人员在设计、制造、安装、运行等方面，遵守国家规定、标准和法规。定期对工作人员进行电气安全技术、安全操作规程以及触电急救等知识的培训，并实行考核制度，提高其安全意识，加强安全防护技能，杜绝违章操作。

（4）建立安全资料档案

为便于电气设备安全运行和管理，在电气工作中使用的各类技术资料、各种记录要按档案管理的要求进行分类存档，随时查阅检索，以便提供电气系统安全运行信息。

二、安全用电的技术措施

1. 电气设备及线路的电气绝缘

电气设备及线路的电气绝缘是用不能导电的材料或物质把带电体封闭起来，以隔离带电体或不同电位的导体。绝缘材料的性能可用绝缘电阻、耐压试验泄漏电流、介质损耗等指标衡量。

（1）绝缘电阻的测量范围

绝缘电阻是电气设备及线路的主要技术指标，在下面几种情况下必须测量绝缘电阻，作为衡量设备和线路绝缘好坏的重要依据。

1）新建工程中的电气设备及线路在安装和空载试运行前和送电前。

2）电气设备及线路在发生事故处理前后。

3）运行中的电气设备及线路定期或不定期维修时。

4）每隔一年夏季或气候潮湿季节库存的电气设备。

（2）耐压试验

耐压试验是进一步检验电气设备及线路绝缘的方法，分为交流耐压试验和直流耐压试验两大类。

1）交流耐压试验的范围较为广泛，主要内容有高压电气设备耐压试验、电动机、发电机定子绕组耐压试验、电子电缆耐压试验、避雷器及二次回路耐压试验。

2）直流耐压试验的范围有交流电动机的定子绕组、金属氧化物避雷器、电力电缆等。

3）泄漏电流和介质损耗角正切值是衡量绝缘材料性能的指标。泄漏电流是电气设备及线路最常见的测试项目。介质损耗角正切值是高压设备线圈连同套管及电容性设备测试的必要项目。

2. 屏护、安全距离

（1）屏护

为了保证人与带电体的安全距离，对那些裸露的带电体或不可靠近的带电区域，可采用屏护，也即用遮挡、护罩和箱盒等屏护装置将带电体与外界隔绝，如刀开关的胶盖、电气控制箱外面的铁箱、变配电装置周围的安全标志牌等。

屏护装置所用材料要有较好的力学性能和耐火性能，必须与带电体保持必要的安全距离，金属材料制作的屏护装置使用时必须可靠接地，对高压设备做屏护要配合信号指示和电气联锁系统。

（2）安全距离

用空气作为绝缘材料使带电体与地面之间、带电体与带电体之间、带电体与各种设施之间均需保持一定的距离，这个距离称为安全间距。设置安全间距是安全用电的技术措施之一。电气设备线路的安全间距有以下内容：

1）架空线路导线的安全距离与铁路、道路、管道的安全间距均有具体要求，但电压等级不同，最小垂直距离也不同，见表4—5所示。

表4—5　　架空线路与铁路、道路、管道的最小安全距离

<table>
<tr><td colspan="2">项目</td><td>铁路</td><td>道路</td><td>架空弱电线路</td><td>架空电力线路</td><td colspan="2">一般管道</td><td colspan="2">索道</td></tr>
<tr><td rowspan="5">最小垂直距离/m</td><td rowspan="2">线路电压/kV</td><td rowspan="2">至轨道顶部</td><td rowspan="2">至路面</td><td rowspan="2">至被跨越线</td><td rowspan="2">至被跨越线</td><td colspan="2">至管道任何部分</td><td colspan="2">电力线路位置</td></tr>
<tr><td>上人</td><td>不上人</td><td>上方</td><td>下方</td></tr>
<tr><td>35</td><td>7.5</td><td>7.0</td><td>3.0</td><td>3.0</td><td>4.0</td><td>4.0</td><td>3.0</td><td>3.0</td></tr>
<tr><td>6～10</td><td>7.5</td><td>7.0</td><td>2.0</td><td>2.0</td><td>3.0</td><td>3.0</td><td>2.0</td><td>2.0</td></tr>
<tr><td>1以下</td><td>7.5</td><td>6.0</td><td>1.0</td><td>1.0</td><td>2.5</td><td>1.5</td><td>1.5</td><td>1.5</td></tr>
</table>

2）高低压进户线、接户线的安全距离

①高压10 kV接户线与地面距离不应小于4.0 m，其线间距离不应小于4.5 m。

②低压接护线与地面距离不应小于2.5 m，低压接户线跨越通车街道时与地面不应小于6 m。

3）室内外配线安全距离，如与热源管道之间的距离等。

①应避开热源管道，在与热源交叉或平行敷设时，应设在其下方或侧方。蒸气管外包隔热层后，上下平行净距为200 mm。

②室内外低压裸导线的架设必须保障安全距离，距地面应不小于3.5 m，距汽车通过的地面应不小于6.0 m，距经常维护的管道应不小于3.5 m。

4）电缆线路的安全距离

①直埋电缆的最小距离应符合表4—6要求。

表4—6　　直埋电缆与相关设施的最小距离

项目		最小净距/m	
		平行	交叉
电力电缆间及其与控制电缆间	10 kV及以下	0.10	0.50
	10 kV以上	0.25	0.50
热管道		2.00	0.50
可燃气体及易燃液体管道		1.00	0.50
公路		1.50	1.00
城市街道路面		1.00	0.70
排水沟		1.00	0.50

②户内明设的电缆之间及与其他线路之间最小距离应保证如下距离要求：低压电缆之间不能小于35 mm；高压电缆之间不能小于100 mm；低压电缆与高压电缆之间不得小于150 mm。

5）室内外变配电装置的带电体相与相、相与地、相与遮栏间的最小安全距离均有相应标准，不一一列举。

6）室外变电所的电力变压器周围，应设不低于1.7 m高的固定围栏。室内变电室的电力变压器外廓与室内墙和门的最小净距分别为0.8 m和1 m（1 250 kV及以上）。

7）变配电室内对安全通道间距分室内变配电室和室外配电室，安全通道要求如下：

①在室内变配电室中，一面有设备维修走廊为0.8 m，两面有设备为1 m，如高低压设备同在一室，相互间距离不能小于2 m。网状遮栏不得小于1.7 m；栅栏不得小于1.2 m；无孔遮栏不应小于1.7 m。

②室外变配电室巡视、检修用的安全距离为0.8～1 m。遮拦高度同室内变配电所，所内共运行、操作、巡视和检修用的通道宽度应为0.8～1.0 m。所内须有防止异物可能落入及小动物侵入的防护措施。低压配电装置与高压配电装置应单独分室设置，当同室布置时，高压柜与低压柜的距离不应小于2 m，配电装置水平宽度超过6 m时，屏后应有两个通往本室或其他房间的出口，且其间距不宜大于15 m。

8）常用低压电器中对开关箱、操作手柄、按钮、照明灯具、插座对安全距离也有具体要求：

①开关配电柜的下底距地面为 1.4 m。

②电源插座距地面的距离明装为 1.4 m，暗装为 0.3 m。

③室内照明灯具吊高一般为 2.5 m，最低为 2.2 m，金属卤化物灯安装高度宜在 5 m 以上。室外照明灯具安装高度不低于 3 m，安装在墙上不低于 2.5 m。

9）电气设备及线路的检修工作必须在停电状况下进行，不能停电时检修必须保证最小安全距离。电气检修的安全距离见表 4—7。

表 4—7　　电气检修的安全距离

项目	电压等级/kV	安全距离/m
低压电气检修	1～10	0.7
高压无遮栏检修	1～10	0.7
	35	1
使用喷灯、电焊	10	0.4
	35	0.6
架空线上维修	10 以上	1
	35	2.5

综上所述，均为直接触电的防护措施，包括保护接地、接零、绝缘监察采用Ⅱ类绝缘电气设备，采用电气安全装置如熔断器、继电器、断路器、漏电保护器、防止误操作的联锁装置等，在此不一一说明。

3. 电气设备及防护用具的耐压试验

（1）电气设备的耐压试验

耐压试验是进一步检验电气设备及线路绝缘的方法，一般分为工频耐压试验（交流耐压试验）和直流耐压试验两大类。

1）工频耐压试验的范围：交流电动机的定子绕组和转子绕组、直流电动机的励磁绕组和电枢、交直流电动机励磁回路连同所连接设备、电力变压器、电抗器、消弧线圈和互感器的绕组、高压电器及套管、绝缘子、并联电容器、绝缘油、避雷器、电除尘器的绝缘子及套管、二次回路、低压动力配电装置、高压配电装置及线路等。

2）直流耐压试验的范围：交流电动机的定子绕组、金属氧化物避雷器、电力电缆等。工频耐压试验电压标准的选取见表 4—8、表 4—9。

表 4—8　　高压电气设备绝缘的工频耐压试验电压标准

额定电压/kV	最高工作电压/kV	1 min 工频耐受电压有效值/kV							
		干式电力电压		电压互感器		断路器电流互感器		支柱绝缘器隔离开关	
		出厂	交接	出厂	交接	出厂	交接	出厂	交接
3	3.5	10	8.5	18	16	18	16	25	25
6	6.9	20	17	23	21	23	21	32	32
10	11.5	28	24	30	27	30	27	42	42
15	17.5	38	32	40	36	40	36	57	57
20	23	50	43	50	45	50	45	68	68
35	40.5	70	60	80	72	80	72	100	100

表 4—9　　电动机定子绕组交流耐压试验电压标准　　kV

额定电压	3	6	10
试验电压	5	10	16

3）直流耐压试验电压标准的选取

①1 kV 以上及 1 000 kW，中性点连线已引出至出线端子板的交流电动机定子绕组应分相进行直流耐压试验。试验电压为定子绕组额定电压的 3 倍。

②6 000 kW 及以上和 6 000 kW 以下、电压 1 kV 以上的同步发电机及调相机的定子绕组应进行直流耐压试验，试验电压为定子绕组额定电压的 3 倍。

③电力电缆直流耐压试验电压标准应按电缆类别区分，并按表 4—10、表 4—11 来选取。

表 4—10　　塑料绝缘电缆直流耐压试验电压标准

电缆额定电压/kV	0.6	1.8	3.6	6	8.7	12	18	21	26
直流试验电压/kV	2.4	7.2	15	24	35	48	72	84	104
试验时间/min	15	15	15	15	15	15	15	15	15

表 4—11　　橡胶绝缘电力电缆直流耐压试验电压标准

电缆额定电压/kV	6
直流试验电压/kV	15
试验时间/min	5

（2）防护用具的耐压试验

电工防护用具按不同用途可分为基本安全用具和辅助安全用具两类。

1）基本安全用具有绝缘棒和绝缘夹钳等，用于 35 kV 以下的电气设备，可直接与带电体接触，具有绝缘作用，可直接操作高压隔离开关、跌落式保险器、安装和拆除接地线、高压试验等作业。为了安全，绝缘棒和绝缘夹钳的绝缘部分和手握部分的最小长度均有规定，见表 4—12。

表 4—12　　绝缘杆和绝缘夹钳的最小长度　　m

电压		户内设备用		户外设备可架空线用	
		绝缘部分	手握部分	绝缘部分	手握部分
10 kV 及以下	绝缘杆	0.70	0.30	1.10	0.40
	绝缘夹钳	0.45	0.15	0.75	0.20
35 kV 及以下	绝缘杆	1.10	0.40	1.40	0.60
	绝缘夹钳	0.75	0.20	1.20	0.20

2）辅助安全用具有绝缘手套、绝缘靴、绝缘垫和绝缘站台等，均为橡胶或乳胶制品，不直接与带电体接触，能加强和辅助基本安全用具的保护和绝缘作用，防止跨步电压、电弧烧伤及加强使用人员的操作安全性。

①绝缘手套的长度至少应超过手腕 100 mm，按其绝缘等级划分，12 kV 绝缘手套在 1 kV 以上使用时，不能触及带电体；在 1 kV 以下使用时，可以作为基本安全用具使用。5 kV 绝缘手套只适用于低压作业，不得触及带电体，严禁在 1 kV 以上使用，在 250 V 以下只可作为基本安全用具使用。使用时应穿束口衣服，并将袖口伸到手套内。手应保持干燥洁净，应避免与锋利尖刃物及污物接触。妥善保管，以免损伤绝缘能力。

②绝缘靴的高度至少应为 150 mm，上部应另外高出边 50 mm。绝缘靴按其绝缘等级划分，一般有 20 kV 绝缘短靴、6 kV 矿用长筒靴和 5 kV 电工绝缘鞋。前两种均为黑色胶面胶靴，使用时要严格按耐压等级使用。5 kV电工绝缘鞋为布面胶鞋军绿色，适用于低压作业电工用。

③绝缘垫在任何情况下都只作为辅助安全用具。绝缘垫用橡胶制成，厚度不应小于 5 mm，表面应有防滑条纹，最小尺寸不应小于 800 mm×800 mm，铺在配电装置的周围，加强操作人员对地的绝缘，防止接触跨

步电压。使用前应检查其破损程度，看有无划痕裂纹，如果有应及时更换合格产品。保管过程中，要保持干燥清洁，不得与酸碱及油类物质接触，远离热源，以防老化、变质而使绝缘性能下降。

④绝缘站台用木板或木条制成，相邻板条之间的距离不得大于 25 mm，以免鞋跟陷入。台面用绝缘子支撑，高度不小于 100 mm。台面的最小尺寸为 800 mm×800 mm。绝缘站台应放在硬实平整的地面上，户外使用时台面板不能与地面上的其他物体接触，如泥土杂草等。

3）防护用具的耐压试验周期。电工防护用具的日常管理至关重要，必须专人保管，并建立管理制度，定期做耐压试验工作必不可少。常用防护用具试验标准和周期见表 4—13。

表 4—13　　　常用电气绝缘工具试验标准

序号	名称	电压等级/kV	试验周期	交流耐压/kV	试验时间/min	泄漏电流/mA	备注
1	绝缘杆	6～10	每年一次	44	5		
		35～110		三倍相电压			
		220					
2	绝缘挡板	6～10	每年一次	30			
3	绝缘夹钳	35 及以下	每年一次	三倍线电压			
		110		260			
		220		400			
4	验电笔	6～10	每 6 个月一次	40			发光电压不高于额定电压的 25%
		35		105			
5	绝缘手套	高压	每 6 个月一次	8	1	≤9	新品按 12 kV
		低压		2.5		≤2.5	
6	橡胶绝缘靴	高压	每 6 个月一次	15	1	≤7.7	新品按 20 kV，2 min

4. 等电位处理

（1）等电位连接

等电位连接是把建筑物内所有金属物，如混凝土内的钢筋、自来水管、煤气管，以及其他金属管道、机器基础金属物和大型的埋地金属物、电缆金属屏蔽层、电力系统的零线、防雷建筑物的接地线，全部用电气连接的方法连接起来（焊接或可靠的导电连接），使整个建筑物空间成为一个良好的等电位体。当雷电袭击的时候，在这建筑物内部和附近大体上是等电位的，而不会发生内部设备被高电位反击和人被电击的事故。此外，电力线、电话线、电视信号电缆、电子计算机信号传输线等，一切与外界有联系的金属线都要接上合理的过电压保护装置（避雷器），且装置要与建筑物的防雷接地装置直接进行电气连接，使之成为等电位（实际上是准等电位，因为正常时各导线之间的电位差和雷击时的残压与雷电压比较是微不足道的，所以一般把这样的连接也称为等电位连接）。如图 4—23 所示。

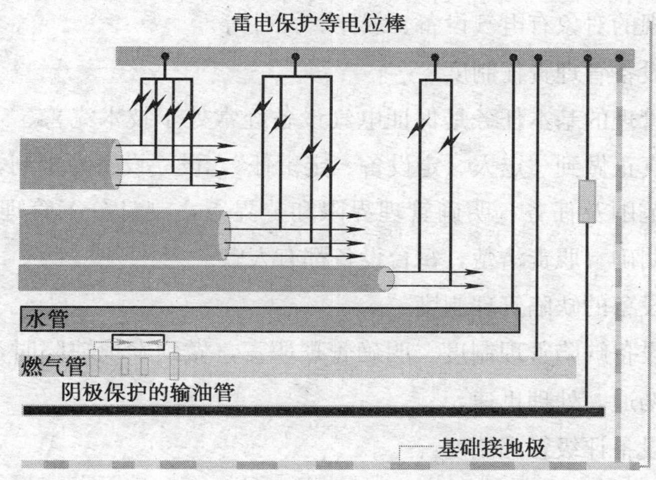

图 4—23　等电位连接

由于采用等电位连接，不但使建筑物及其内部的设备防雷能力大大提高，也可以放宽对建筑物接地电阻的要求。这样可减少建设投资，减低施工难度，尤其是在干旱、沙漠和山地土壤电阻率高的地区更为重要。

（2）环行接地网

环行接地网就是把接地体沿建筑物周围围成一个闭合环，这样的接地网可以使界面以内的电场分部比较均匀，减少跨步电压对人体的危害，也可减少室内在被雷击时，由于地面电位梯度大而产生对设备高电压反击的危险。也是等电位处理的方式之一。

三、安全用电措施

1. 安全用电的组织措施

电气设施设备的安装维护、安全用电管理的制度及其实施和监督构成了安全用电的组织措施。

（1）岗位职责的制订

岗位职责的制订中内容包括工作人员的岗位职责和工作任务。

（2）交接班制度

内容有电气工作人员应按规定程序完成交接工作内容和注意事项。未办完交接手续，交班人员不得擅离工作岗位。

（3）巡视与检查制度

电气设备在运行中的巡视，可分为定期巡视、特殊性巡视、监督性巡视。巡视的对象有电气设备、线路、元件等。

（4）设备管理责任制度

设备管理的基本任务是保证电气设备经常处于技术完善、工况良好的状态，真正做到“定人、定设备、定责任”，设立设备专责制，划分专责分工的范围及任务，明确管理界限和分界点，制订分工管理的职责，做到分工明确，职责清楚，每台设备都有人管。

（5）设备的缺陷管理制度

建立设备缺陷管理制度，明确管理职责，做到发现缺陷时，信息准确，传递畅通，处理迅速。

（6）设备评级管理制度

对设备存在的缺陷、试验的结果等情况进行综合评定。

（7）设备的检修管理制度

内容有各种电气设备检修的周期、检修项目，以及检修程序和标准等。

（8）设备试验管理制度

内容有设备试验的周期、主要电气安全指标和技术参数。它是保证电气设备绝缘性能良好、回路接线正确、技术参数合格的重要手段。电气试验有着不同种类、方法和标准，要符合部颁（电气设备预防性试验规程）和各单位自定的有关试验的规定。

（9）设备的验收管理制度

验收工作应检查各设备的技术记录的质量标准是否合格、图样资料是否齐全、设备现场是否具备投入的条件（包括试操作检查）、存在的问题及改进的措施等。

(10) 技术培训制度

内容有对电气人员学习新技术、新设备进行培训以及提高理论水平而制订的不同层次、不同水平的学习培训计划。

(11) 保卫制度

内容有针对电气设备、线路、电气数据以及其他电气装置的安全保密而制订的制度。

(12) 安全责任制

内容有各级电气人员、安全管理人员安全方面的职责和任务。

(13) 临时线路安装审批制度

内容有临时电气线路安装前申报程序、申请报批签字以及临时线路安装的条件。

(14) 值班制度

内容有对运行或试运行的电气设备、线路值班监视运行，如巡视项目标准、记录数据、事故处理程序等。

(15) 作业票制度

内容有在电气设备上作业必须履行书面命令的规定及程序等。

(16) 作业许可制度

内容有进入电气作业前验证各种安全措施及注意事项的规定及程序等。

(17) 作业监护制度

内容有作业人员在作业过程中能完全受到监护人严密的监督和监护，并及时纠正不安全动作及错误作业，在靠近带电部位时受到提醒，以确保作业人员安全及作业方法正确的规定等。

(18) 送电制度

是指检修作业完毕、新工程或线路竣工、停电后等送电作业的程序、安全检查、注意事项、签发命令、实验结果、投切程序而制定的制度。

(19) 事故处理制度

主要指处理各种电气事故制度的程序、方法、安全措施、注意事项、质量要求、处理条件等。

2. 安全用电的管理措施

(1) 定期学习措施

有计划地组织员工和企业管理者学习国家对劳动保护、安全用电方面的方针、政策、法规以及当地供电部门、本行业的法规、条例等，并及时地贯彻执行。

（2）加强岗位措施

定期组织电气技术人员、管理人员、电工作业人员及针对用电人员、电气操作人员进行电气安全技术管理和电气安全技术的学习培训，特别是要学习新技术、新工艺、新设备。

（3）加强管理与考核措施

搞好电气作业人员的管理工作，如上岗培训、技术培训考核、安全技术考核、档案管理等。

（4）消除隐患措施

有针对性地组织电气安全专业性检查，及时发现和消除不安全隐患，监督纠正违章和错误操作。

（5）建立健全督查措施

建立完善的监督体系，对电气工程的设计、安装调试进行电气安全督察，及时纠正和消除电气工程中的不安全因素，特别是电气设备原件本身的安全可靠性能是安全督察的重点。

（6）采取巡回检查措施

制订和修订电气安全的规章制度及组织措施中的电气作业、电工值班、巡回检查等制度以及电气安全操作规程等，并组织实施。

（7）落实安全措施

配合单位的安全工作，做好综合安全管理，全力保证安全技术措施的实施。

（8）加强安全培训

做好触电急救工作，并组织员工进行触电急救方法的培训，及时处理电气事故，同时做好电气安全资料档案管理工作。

（9）加强安全宣传措施

做好安全标志的设置、宣传、检查、维护工作。

第五章

计算机应用基础知识

第一节　计算机系统的组成及网络系统

一、计算机系统的组成

计算机系统由硬件系统和软件系统组成。计算机的硬件系统是构成计算机的各种物理设备的总称，例如：计算机的主机、显示器、键盘、磁盘驱动器等。软件系统是运行、管理和维护计算机的各类程序和文档的总称。

1. 计算机硬件系统组成

计算机的硬件系统主要由运算器、控制器、存储器、输入设备和输出设备五部分组成。计算机的主机位于主机箱中，核心部件由运算器、控制器和内存储器构成。主机以外其他部件常统称为计算机的外部设备（外设）。主机和外设组成计算机的硬件系统，如图 5—1 所示。

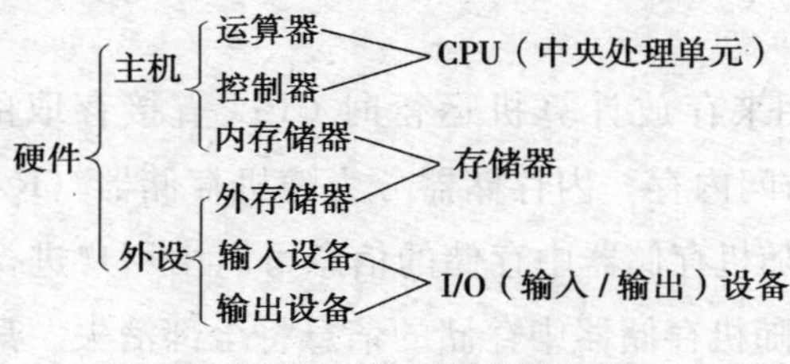

图 5—1　计算机的硬件组成

（1）计算机主板

主板是包含计算机系统的主要组件的主电路板，包括中央处理器、主存储器、支持电路和总线控制器及接插件。

1）CPU 插槽。CPU 需要通过某个接口与主板连接才能进行工作。CPU 对应到主板上有相应的插槽类型。

2）芯片组。芯片组是主板的“灵魂”，它决定主板所有的功能，决定主板的级别和档次。

3）内存条插槽。内存条是插在主板上内存条插槽中的存储器，主板上内存条插槽的数量和类型对系统主存的扩展能力及工作方式有一定影响，内存条插槽的线数越多，内存容量越大，数据传输速度越快。

4）串/并接口及其他类型接口。大多数主板提供了两个串行接口，分别为 COM1 和 COM2，供连接串行鼠标、外置 Modem、工业智能单元、自动化仪表等设备。并行接口插座 LPT 接口，用来连接打印机或扫描仪。USB 接口是目前最为流行的接口，最大可支持 127 个外设，并可独立供电，一个 USB 接口可同时支持高速和低速 USB 外设的访问。

5）总线扩展槽。主板上的总线扩展槽是 CPU 通过系统总线与外部设备联系的通道，是主板上用于固定扩展卡并将其连接到系统总线上的插槽。系统的各种扩展接口卡都插在扩展插槽上。

（2）中央处理器 CPU（Central Processing Unit，CPU）

主要由控制器和运算器组成。其中，运算器主要完成各种算术运算和逻辑运算，是对信息加工和处理的部件；控制器用来协调和指挥整个计算机系统的操作，对部件做出相应的控制。

（3）存储器

存储器又分为外存储器和内存储器。外存储器安装在主机箱中，它的存储容量大，存储的信息稳定，无需电源支持。内存储器位于系统主板上，与 CPU 进行信息交换，运行速度较快，所储存的信息断电即失。

1）内存。用来存放计算机运行时 CPU 直接存取的程序和数据。CPU 可以直接访问内存。内存储器分为随机存储器（RAM）和只读存储器（ROM）。随机存储器中存储的信息可以由用户进行更改，如果关闭计算机电源，随机存储器中存储的信息将全部消失。只读存储器中存储的信息用户只能读出，不能更改，断电后信息不会丢失。

2）外存储器。用于存放等待运行或处理的程序或文件。外存储器主要有软磁盘存储器、硬磁盘存储器、光磁盘存储器、U 盘和移动硬盘。

（4）总线与接口

1）总线。总线是信息传送的公共通道。总线互连多个部件，芯片之间、插板之间及系统之间，通过总线进行连接和传输信息。

2）扩展槽。主板上有一系列扩展槽，插入各种外设的适配卡来实现连接各种外设，扩展槽与系统总线或扩展总线相连。

3）I/O 接口。计算机必须配置相应的外部设备，需要在系统总线与 I/O 设备之间设置接口，外部设备必须通过 I/O 接口才能与主机交换信息。

（5）计算机常用的输入输出设备

1）键盘。键盘（keyboard）是计算机的输入设备，计算机键盘上键的排列有 ISO2530 和 GB2787 规定。键盘上的每个键有一个键开关。键开关有机械触点式、电容式、薄膜式等多种，把机械的位移转换成电信号，输入到计算机中去。

2）鼠标器。鼠标器（mouse）是一种控制显示器屏幕上光标位置的输入设备。在桌面上或专用的平板上移动鼠标器，使光标移动。选中屏幕上提示的某项命令或功能，并按一下鼠标器上的按钮就完成了操作。

3）显示器。显示器（display）是由监视器（monitor）和显示适配器（display adapter）及有关电路和软件组成的用以显示数据、图形、图像的计算机输出设备。

4）打印机。打印机（printer）是计算机系统中的一个重要输出设备，它可以把计算机处理的结果（文字或图形）在纸上打印出来。常用的打印机有针式打印机、喷墨式打印机和激光打印机等。

5）扫描仪。扫描仪（scanner）是一种输入设备，它能将各种图文资料扫描输入到计算机中并转换成数字化图像数据，以便保存和处理。扫描仪分为手持式扫描仪、平板扫描仪和大幅面工程图样扫描仪三类。扫描仪主要用于图文排版、图文传真、汉字扫描录入、图文档案管理等方面。

2. 计算机软件系统的组成

软件是计算机工作的程序、与程序运行时所需的数据及与这些程序和数据有关的文档资料。软件分为系统软件和应用软件两大类。

（1）系统软件

系统软件通常包含操作系统软件（软件的核心）、各种语言处理程序、各种数据库管理系统和各种工具程序。

常用的操作系统有 DOS，Windows，Unix，Netware。

程序设计语言和语言处理程序有机器语言、汇编语言和高级语言。

常用的数据库系统有 FoxBASE，FoxPro，QRACLE，SQLServe，SYBASE、INFORMIX 等。

工具类程序有编辑程序、打印管理程序、测试程序、诊断程序。

设备驱动程序是对连接到计算机系统上的设备进行控制驱动，使其正常工作的软件。

（2）应用软件

应用软件是指使用计算机来实现具体应用的软件，例如：用来进行文字处理的 Word、WPS 软件、电子表格软件、信息管理软件、图像处理软件和其他应用系统。

二、计算机网络

1. 计算机网络系统的组成

（1）计算机网络的定义及发展

计算机网络是利用通信设备和线路将处于不同地理位置的、功能独立的多个计算机系统互连起来，以功能完善的网络软件（即网络通信协议、信息交换方式和网络操作系统等）实现网络中资源共享和信息传递的系统。

计算机网络的发展和演变过程，大体可分为四个阶段。

1）第一阶段。具有通信功能联机系统——单终端系统。

2）第二阶段。具有通信功能的分时系统——多终端系统。

3）第三阶段。计算机网络——多机系统。

4）第四阶段。互联网——多网络系统。

（2）计算机网络的分类

1）按网络的分布范围分，计算机网络可以分为广域网、局域网和城域网三种。

2）按网络的拓扑结构分，有星形拓扑、总线拓扑、环形拓扑、树形拓扑、网状拓扑结构等几种。

3）其他分类。如按网络的使用范围划分，可分为公用网和专用网。

按信息交换方式划分，可分为电路交换网、报文交换网和分组交换网。

（3）计算机网络的功能及应用

计算机网络是以共享为主要目标，具备数据通信、资源共享、提高系统的可靠性和集中管理的功能。计算机网络应用范围很广，它主要应用于以下领域：办公自动化 OA、电子数据交换 EDI、远程交换、远程教育、电子银行、证券及期货交易、广播分组交换、校园网、信息高速公路、企业网络及智能大厦和结构化综合布线系统。

2. 网络安全及安全防护措施

计算机网络系统是由网络硬件、软件及网络系统中的共享数据组成的。网络安全从本质上讲是网络上的信息安全，是指网络系统的硬件、软件及其系统中的数据受到保护。

（1）网络安全概念

计算机网络安全是指计算机及其网络系统资源和信息资源不受自然和人为有害因素的威胁和危害，凡是涉及计算机网络上信息的保密性、完整性、可用性、真实性和可控性的相关技术和理论都是计算机网络安全的研究领域。

（2）网络安全的五个层次

1）用户层安全。只有那些被授权的用户才能够使用系统中的资源和数据。用户安全包括保护合法用户安全权限以及限制非法用户的不安全进入途径。

2）应用层安全。它包括两个方面：一是应用程序对数据的合法访问授权；二是应用程序对用户的合法权限。例如，上级部门可以存取下级部门的数据，而下级部门的应用程序一般不允许存取上级部门的数据。

3）操作系统的安全。把操作系统内核中可能引起安全性问题的部分从中剔除，包括采用安全性较高的操作系统，利用安全扫描系统检查操作系统的漏洞等。

4）数据链路层的安全。涉及传输过程中数据加密及数据修改。

5）网络层安全。网络层的安全是 Internet 网络安全中最重要的部分，主要考虑三个方面的内容：一是 IP 协议本身的安全性，IP 协议本身未经过加密使人们非法盗窃信息和口令成为可能；二是网络管理协议的安全性，由于 SNMP 协议的认证机制非常简单，而且使用未加密的明码传输；三是网络设备的安全性，如路由器、ATM 设备。

（3）防护措施

计算机的防护措施主要有数据加密技术和防火墙技术。

1）数据加密技术是目前对信息进行保护的重要手段之一。加密系统主要是由明文、密文、加密算法和密钥四个部分组成。其中未进行加密的数据称为明文，通过加密伪装后的数据称为密文，发送方通过加密算法，用加密密钥将数据加密后发送出去，接收方在收到密文后，用解密密钥将密文解密，恢复为明文，从而起到数据保密的作用。加密技术一般采用两种类型：“对称式”加密法和“非对称式”加密法。在实际应用中，网络信息传输的加密通常采用对称密钥和公钥密钥密码相结合的混合加密体制，即加密、解密采用对称密钥密码，密钥传递采用公钥密钥密码，这样既解决了密钥管理的困难，又解决了加密和解密速度慢的问题。

2）防火墙技术是用于防止网络外部的恶意攻击对网络内部造成不良影响而设置的安全防护设施。Internet 防火墙是一种装置，它由软件和硬件设备组合而成，通常处于企业的内部局域网与 Internet 之间，限制 Internet 用户对内部网络的访问以及管理内部用户访问外界的权限。防火墙适合于相对独立的网络。它实际上是一个独立的进程或一组紧密联系的进程，运行于路由服务器上，控制经过它们的网络应用服务及数据。安全、管理、速度是防火墙的三大要素。防火墙作为网络安全策略的有效工具之一，广泛应用到 Internet/Intranet 的建设上。防火墙作为内部网与外部网之间的一种访问控制设备，常常安装在内部网和外部网交流的点上。

三、计算机病毒

近年来，随着计算机网络和通信技术的广泛应用，计算机病毒传播问题越来越成为人们关注的一个问题。计算机病毒已经构成了对计算机系统和网络的严重威胁。

1. 计算机病毒的特点

计算机病毒是指编制或者在计算机程序中插入的破坏计算机功能或者数据，影响计算机使用并且自我复制的一组计算机指令或者程序代码。计算机病毒是一种人为蓄意制造的、以破坏计算机硬件系统为目的的程序。它具有破坏性、寄生性、传染性、潜伏性和破坏性、隐蔽性、可触发性、不可预见性。不同种类的病毒的代码千差万别，病毒的制作技术也在不断提高，新的操作系统和应用系统的出现，软件技术的不断发展，为计算机病毒提供了新的土壤。

（1）寄生性

病毒程序依附或寄生在其他媒体上，如磁盘、光盘的系统区或文件中。它有生物病毒的寄生性、传染性、潜伏性和破坏性特征。

（2）传染性

传染性其最基本的特征是能通过自我复制到内存、硬盘和软盘，甚至传染到所有文件中。

（3）潜伏性

在潜伏期中，它并不影响系统的正常运行，只是秘密地进行传播、繁殖、扩散，使更多的正常程序成为病毒“携带者”，一旦满足某种触发条件，病毒突然发作，才显露巨大破坏力。

（4）破坏性

它占用CPU时间和内存资源，从而造成进程阻塞；有的干扰软件数据或程序，使之无法恢复；有的恶性病毒甚至毁坏整个系统，导致系统崩溃和硬件损坏，造成经济巨大损失。

2. 计算机病毒的种类

计算机病毒分为引导型病毒、文件型病毒、复合型病毒、变体型病毒、宏病毒等。

（1）引导型病毒

它藏匿和感染软盘或硬盘的第一个扇区，即引导扇区。引导型病毒由引导动作而侵入内存，如果使用已感染的磁盘引导，病毒会立即感染到硬盘。

（2）文件型病毒

通常寄生在可执行文件中。当这些文件被执行时，病毒程序就被执行。文件型病毒又分为非常驻型、常驻型和隐匿型三种。

（3）复合型病毒

兼具有引导型病毒及文件型病毒的特性，它可传染 *.com 和 *.exe 文件，也可传染磁盘的引导扇区。

（4）变体型病毒

变体型病毒每当它们繁殖一次，就会以不同的病毒码传染到别的地方去。每一个被病毒感染的文件，所含的病毒码都不一样。

（5）宏病毒

主要是利用软件本身提供的宏能力来设计病毒，凡是具有宏能力的软件都有宏病毒存在的可能。

3. 计算机病毒的防治

病毒感染的检测分为人工检测和自动检测。

（1）人工检测

可以通过 DEBUG，PCTOOLS，NORTON 等工具软件提供的功能进行病毒的检测。

（2）自动检测

可以通过一些专门的诊断、查毒软件（如瑞星、KV3000，KILL2000，CRV 等）来扫描检查系统或软盘是否有毒。自动检测比较简单，一般用户都可以进行，是常用的方法。通常利用反病毒软件对特定种类的病毒进行检测，大部分反病毒软件可同时消除查出来的病毒。计算机病毒以及反病毒技术都是以软件编程技术为基础，反病毒软件总是滞后于病毒的发现，任何反病毒软件都只能发现病毒和清除部分病毒。

第二节　Windows XP 操作系统

一、操作系统的基本概念

1. 操作系统的功能

操作系统管理整个计算机系统的硬件资源和软件资源，并根据用户的要求，进行合理有效的资源分配，使计算机充分发挥其强大的功能。操作系统是统一管理计算机资源、合理组织计算机工作流程、协调计算机各部件关系、提高计算机利用率和响应速度、方便用户的一种系统软件。它是用户和计算机的接口，支持用户使用各种软、硬件资源。操作系统按环境和功能特征不同，分为网络操作系统、分布式系统、实时系统、批处理系统、分时系统和嵌入式操作系统。主要有四大功能：处理机管理、存储器管理、文件系统管理、设备管理等。

2. 常用的操作系统

目前常用的有 Windows2000，WindowsXP 和 Linux 等操作系统。

二、Windows XP 基本操作

1. Windows XP 安装

Windows XP 是 Microsoft 公司在 Windows 2000 操作系统的基础上开发的新一代操作系统，它将 Windows 2000 的优点、Windows 98 和 Windows Me 最佳特性集成在一起。Windows XP 的可靠性、数字媒体特性、通信功能等使用户耳目一新。它具有以下特性：界面友好、改进的“开始”菜单、Windows XP 的集成性、自动更新等特性。

Windows XP 的安装方法主要有三种：全新安装、升级安装和多系统共存安装。

(1) 全新安装

如果硬盘里原先没有任何 Windows 系统，那么可以在 DOS 状态下运行中文版 Windows XP 安装光盘中的安装命令进行全新安装。

(2) 升级安装

从当前 Windows 操作系统升级到 Windows XP，当用户覆盖原有系统的方式升级安装时，在选择安装方式一项中，选择升级安装方式即可。中文版 Windows XP 在安装过程中会先扫描系统原有的配置，并备份下原有的重要系统文件后，再进行全新的系统和注册表升级工作。

(3) 多系统共存安装

当用户需要保留原有的系统时，可以将中文版 Windows XP 安装在与原系统不同的分区中。Windows XP 安装完成后，会自动生成开机启动时的系统选择菜单。如果用户原有的操作系统不是中文版的，而安装 Windows XP 为中文版，只能进行多系统共存安装，不能升级安装。

2. Windows XP 启动、注销、关闭

(1) Windows XP 启动

打开主机箱电源开关，显示器上出现第一个画面，计算机将按顺序自动检测，如果计算机中只安装了 Windows XP 操作系统，则会自动启

动 Windows XP；当装有多个系统时，将显示一个选择界面，用户使用光标键上下移动选择 Windows XP 系统，然后按 Enter 键，进入 Windows XP 的欢迎界面。若该用户账号设置有密码，系统将提示用户输入密码。用户输入的密码不正确时，会出现密码出错的提示框。输入正确的密码后，按 Enter 键就可以进入 Windows XP。

（2）Windows XP 注销

当用户需要更换当前账户访问系统或重新启动 Windows XP 操作系统时，可采用 Windows XP 操作系统的注销功能。注销 Windows XP 只需要选择【开始】→【注销】命令，打开【注销 Windows】对话框，单击【注销】按钮，即可注销 Windows XP，如图 5—2 所示。

图 5—2 【注销 Windows】对话框

（3）Windows XP 关闭

关闭 Windows XP 应先保存并退出所有应用程序，以避免丢失数据。选择【开始】→【关闭计算机】命令，打开【关闭计算机】对话框，单击【关闭】按钮，即可关闭 Windows XP，如图 5—3 所示。

图 5—3 关闭 Windows XP 对话框

3. Windows XP 桌面管理

Windows XP 桌面包括桌面图标、任务栏和桌面背景。

(1) 桌面图标

初次启动系统时，桌面的右下方只有一个【回收站】图标，以前用户熟悉的【我的文档】【我的电脑】【网上邻居】、Internet Explorer 等都已移动到【开始】菜单中。也可以将 Windows XP 的【开始】菜单样式还原为以前样式，这时【我的文档】【我的电脑】【网上邻居】、Internet Explorer 图标在桌面上显示出来。

1)【我的电脑】图标。用户通过图标可以管理磁盘、文件和文件夹等内容，访问计算机的所有软件和硬件资源，用户可以利用【控制面板】对系统进行各种控制和管理。

2)【我的文档】图标。它指向硬盘上的某个区域空间，用来存放用户的文档和数据。同时可查看和管理【我的文档】文件夹中的文件和文件夹。这些文件和文件夹都是由一些临时文件、没有指定路径的保存文件和下载的 Web 页等组成。

3)【网上邻居】图标。连入局域网，桌面上会出现该图标，双击该图标可以打开【网上邻居】窗口来查看和使用网络资源。

4)【浏览器】图标。通过该图标，用户可迅速启动 Internet Explorer 浏览器，访问 Internet 资源。另外，通过其属性对话框，用户还可以设置本地的因特网连接属性，包括常规、内容、连接和程序等。

5)【回收站】图标。用来存放用户删除的文件和文件夹时并不将它们从磁盘上删除，而是暂时保存在回收站中，以便需要时可进行还原。在回收站中，用户可以清除或还原在【我的电脑】和【资源管理器】中删除的文件和文件夹。

(2) 管理任务栏

Windows XP 的任务栏位于桌面底部，它为用户提供了快速切换应用程序、文档及其他已打开窗口的方法。允许用户同时运行多个程序，每个打开的窗口在任务栏都有一个对应的按钮，单击不同的按钮，即可切换到对应的窗口中。任务栏的最左边是带有 Windows XP 标志的【开始】按钮，除【开始】按钮之外，整个任务栏还包括窗口按钮、工具按钮和状态设置按钮。在 Windows XP 中，还可以对任务栏进行设置，例如，改变任务栏大小，设置任务栏属性等。

1）改变任务栏的大小和位置

①用鼠标右键单击任务栏的空白区域，从弹出的快捷菜单中选择【属性】命令，打开【任务栏和开始菜单属性】对话框，选择【任务栏】选项卡。

②在【任务栏外观】选项组中取消选定【锁定任务栏】复选框。

③移动鼠标置身指针到任务栏的边缘，然后按下鼠标左键并移动鼠标，即可改变任务栏大小，如图 5—4 所示。

图 5—4　改变大小后的任务栏

2）隐藏任务栏。用户可将任务栏隐藏起来，需要显示时，只要将鼠标移到任务栏所在的屏幕边界上即可重新显示。操作步骤如下：

①用鼠标右键单击任务栏上的空白区域，选择快捷菜单中的【属性】命令，打开【任务栏和开始菜单属性】对话框。

②单击【任务栏】选项框，选择【自动隐藏任务栏】复选框，然后单击【确定】按钮，设置生效，即可实现隐藏任务栏。要取消隐藏任务栏，只要不选择【自动隐藏任务栏】复选框即可。如图 5—5 所示。

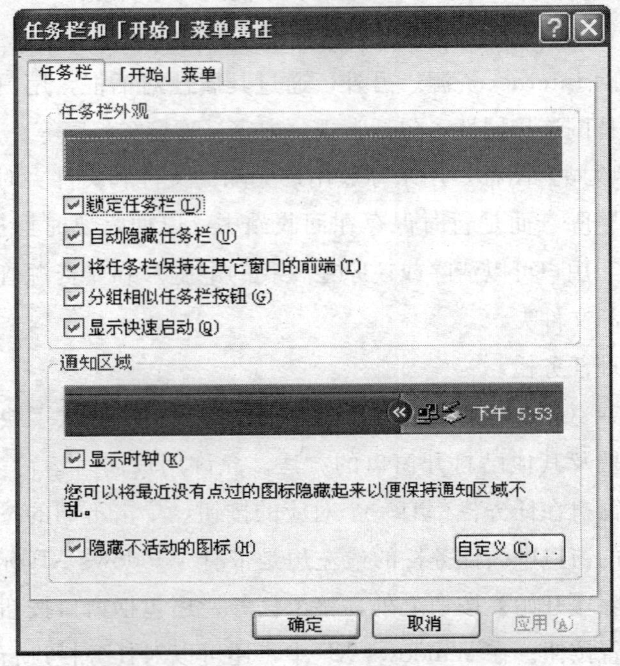

图 5—5　设置自动隐藏任务栏

3）添加工具栏。Windows XP 还定义了三个工具栏，【地址】工具栏、【链接】工具栏和【桌面】工具栏，它们没有显示在任务栏内，如果用户希望显示这三种工具栏，具体操作如下：

①在任务栏的空白处单击鼠标右键，然后移动鼠标指针到【工具栏】命令上，将弹出工具栏子菜单，如图 5—6 所示。

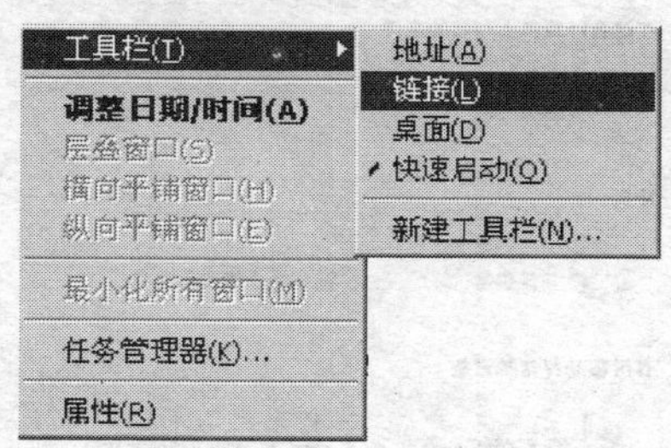

图 5—6　【工具栏】菜单的子菜单

②选择【地址】或其他命令，在任务栏上显示相应的子任务栏。

③要创建工具栏，选择【新建工具栏】命令，打开【新建工具栏】对话框，选择一个文件夹或在“文件夹”框中输入 Internet 地址。单击【确定】按钮，可在任务栏上创建个人的工具栏。

④如果想关闭子任务栏的显示，可再次在任务栏上单击鼠标右键，然后将鼠标指向【工具栏】，单击指定选项即可，如图 5—7 所示。

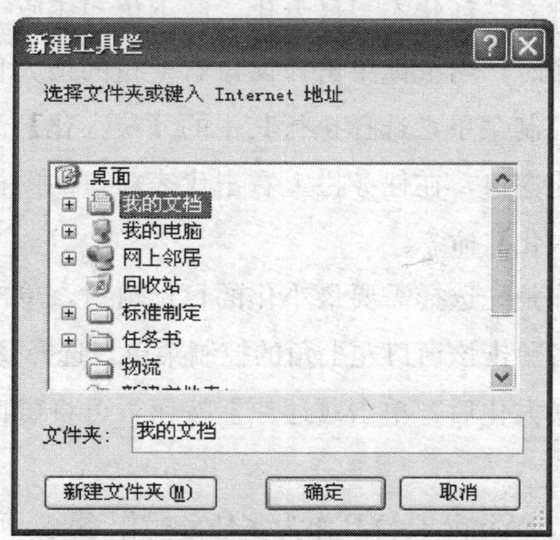

图 5—7　【新建工具栏】对话框

（3）窗口的基本操作

1）窗口的组成。【我的电脑】窗口是最基本的 Windows XP 窗口，一般由以下几个主要部分组成：标题栏、控制菜单图标、窗口最小化、最大化（或还原）、关闭按钮、菜单栏、工具栏、地址栏、工作区、水平滚动条和垂直滚动条、窗口边框和状态栏等，如图 5—8 所示。

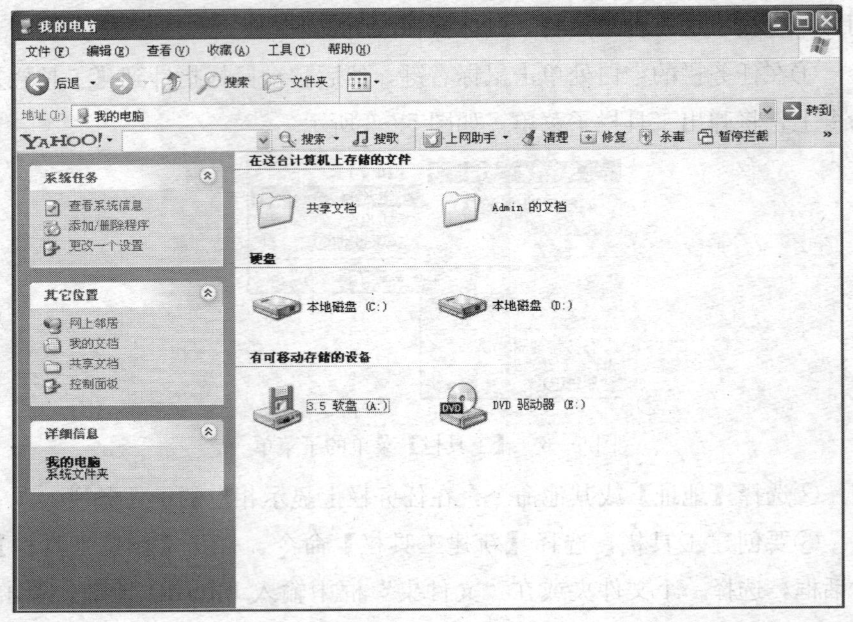

图 5—8 【我的电脑】窗口

2）窗口的最大化、最小化、还原

①每个窗口都有三种状态，最大化、最小化和还原。使用鼠标实现窗口的最大化操作时，用鼠标单击该窗口右上角的最大化按钮，或者单击窗口左上角的控制菜单，选择执行其中的【最大化】命令。用户要在切换窗口时最大化窗口，在任务栏上右击代表窗口的图标按钮，从快捷菜单中选择【最大化】命令。

②最小化操作是先选择需要最小化的目标窗口，单击窗口右上角的最小化按钮，或者单击该窗口左上角的控制菜单，选择【最小化】命令。

③当将窗口最大化后，单击【还原】按钮，可将窗口还原到初始大小。

3）切换窗口。Windows XP 作为多任务操作系统，可同时打开多个窗口，用户可在不同窗口之间进行切换，可采用以下方法切换：

①在任务栏处单击代表窗口的图标按钮，可激活窗口切换为当前窗口；或同时按下 Ctrl＋Alt＋Del 组合键，打开【Windows 任务管理器】，单击【应用程序】选项卡，如图 5—9 所示。在选项卡的【任务】列表中

启用所需程序，并单击【切换至】按钮。

②使用 Alt 和 Tab 组合键在不同窗口之间进行切换。

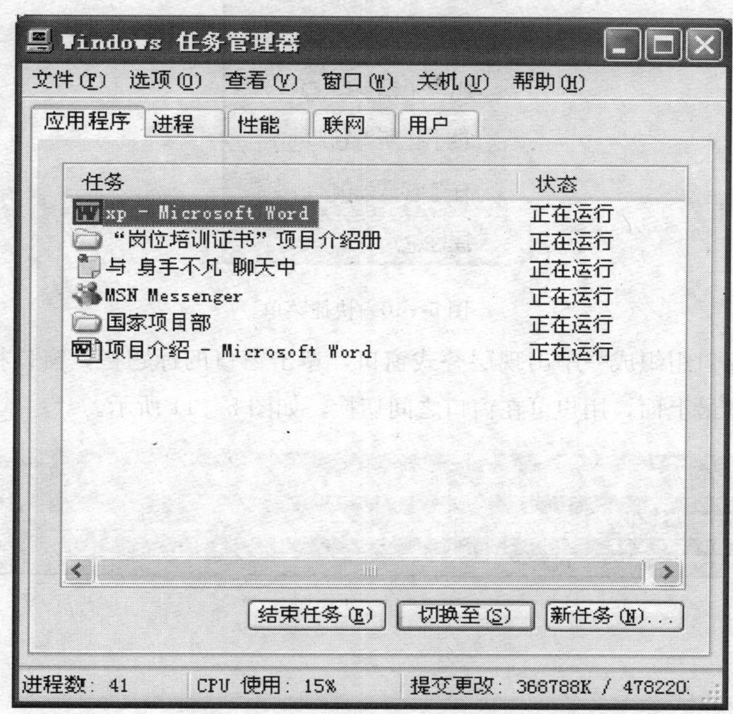

图 5—9　任务切换

③使用 Alt＋Esc 组合键，先按下 Alt 键，再按 Esc 键，系统就会按照窗口图标在任务栏上的排列顺序切换窗口。不过，用户只能切换非最小化的窗口，对于最小化窗口，只能激活，不能放大。

4）移动窗口。当窗口不是处于最大化和最小化状态时，可将窗口利用鼠标或键盘的操作进行移动，将鼠标指针移到该窗口的标题栏上，按住鼠标左键拖动鼠标指针拖动到目标处，释放鼠标左键可将窗口移动到新的位置。

5）多窗口排列。有时用户需要在同一时刻打开多个窗口并使它们全部处于显示状态，例如：需要从一个窗口向另一个窗口复制数据，这时用户可以使用【任务栏】属性菜单对这些窗口进行排列管理。排列的方式有三种：层叠窗口、横向平铺窗口和纵向平铺窗口。在任务栏上的空白位置单击鼠标右键，弹出快捷菜单，如图 5—10 所示。

①层叠窗口的操作是选择属性菜单中的【层叠窗口】命令，系统立

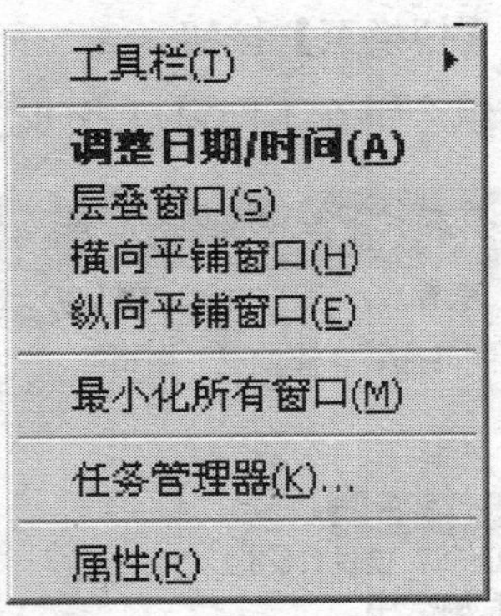

图 5—10　快捷菜单

刻把窗口组织成一串出现层叠式窗口，单击窗口的标题栏，窗口将会被提升到最上面，用户可在窗口之间切换，如图 5—11 所示。

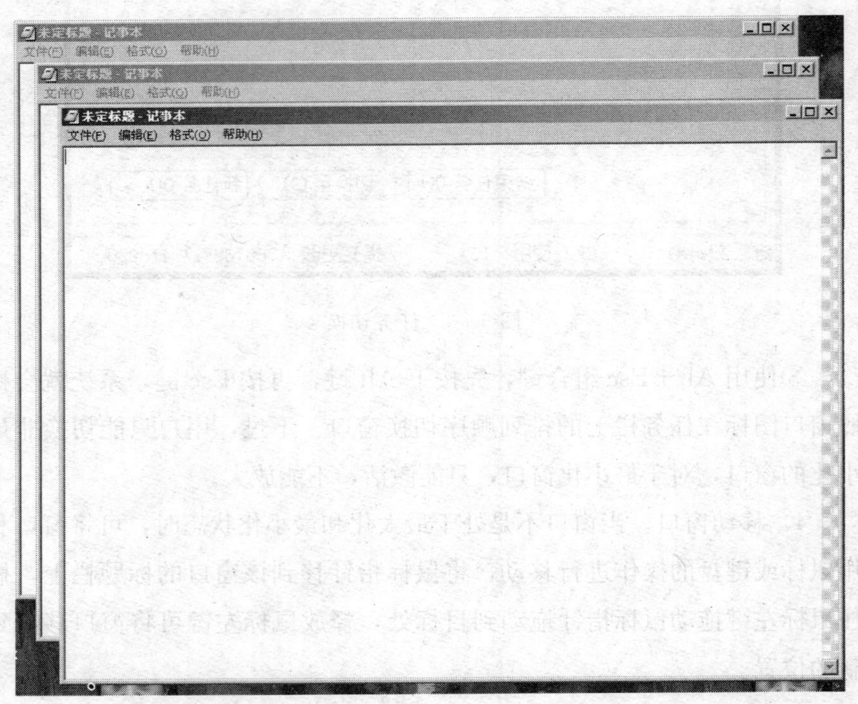

图 5—11　层叠窗口

②横向平铺窗口是在任务栏属性中选择【横向平铺窗口】或者【纵向平铺窗口】命令，都能完成此功能。纵向平铺窗口不利于用户使用窗口的菜单栏和工具栏，但可以查看部分窗口信息，当用户同时在多个窗口之间操作时使用这种方式，如图 5—12 和图 5—13 所示。

图 5—12　横向平铺窗口

图 5—13　纵向平铺窗口

4. Windows XP 文件管理

(1)【我的电脑】和【资源管理器】

在 Windows XP 中，管理文件和文件夹的工具有【我的电脑】和【资源管理器】。利用这两个工具，可以访问计算机系统中的文件、文件夹和其他系统资源，可以创建、复制、发送、移动、删除、压缩或重命名文件和文件夹，也可以创建文件或文件夹的快捷方式。

1)【我的电脑】。【我的电脑】是文件和文件夹及其他计算机资源管理中心，可直接对磁盘、映射网络驱动器、文件夹与文件等进行管理。对于已经有网络连接的计算机，用户可通过【我的电脑】来访问本地网络中的共享资源和 Internet 上的信息，也可通过【我的电脑】链接到网络中的其他计算机上或浏览 Web 页面。

从桌面上双击【我的电脑】图标，或从桌面中选择【开始】→【我的电脑】命令，打开【我的电脑】窗口（见图 5—14），用户可以看到计算机所有的磁盘列表。窗口左侧还有【网上邻居】【我的文档】【共享文档】和【控制面板】四个超链，用户可在不同窗口切换。窗口右侧显示的是文件夹中的项目的图标，双击这些图标，可以打开相应的文件窗口。如果双击的是文件，则会运行相应的应用程序。

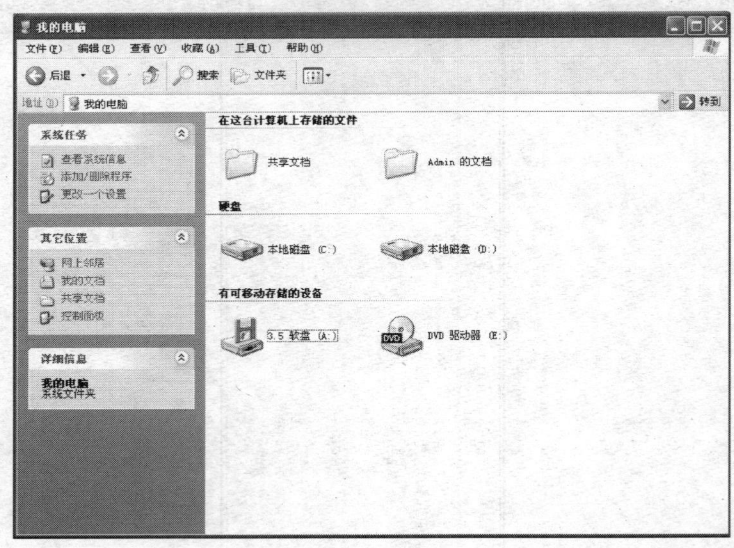

图 5—14 【我的电脑】窗口

2)【资源管理器】。资源管理器是 Windows XP 的另一个文件管理工具，它显示了两个不同的信息，窗口左侧以树形结构显示了计算机中的资源项目，窗口右侧显示了所选项目详细内容，如图 5—15 所示。

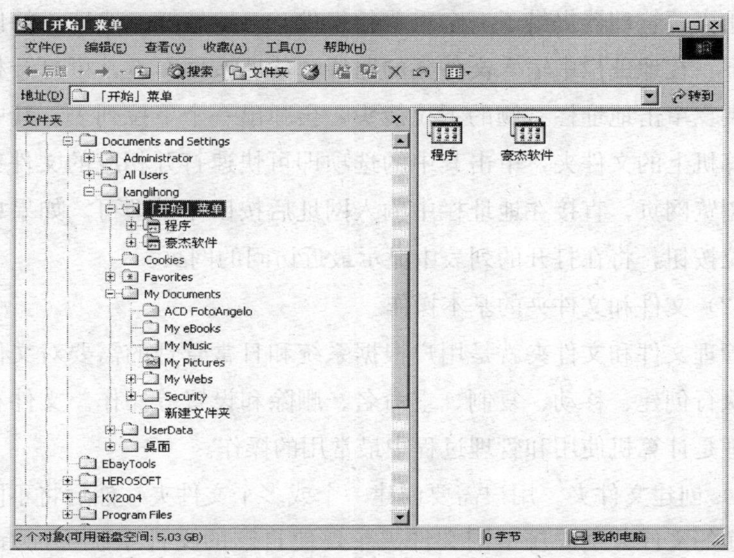

图 5—15　Windows XP 资源管理器

①启动资源管理器可选择【开始】→【程序】→【附件】→【Windows 资源管理器】命令；或在桌面上右击【我的电脑】图标，选择快捷菜单中【资源管理器】命令；或在桌面上右击【开始】按钮，在弹出的快捷菜单中选择【资源管理器】命令。

②资源管理器被打开后，窗户左侧以树状结构显示出系统中的所有磁盘资源，一些文件的左侧带有一个“+”号，表示在该文件夹中还含有子文件夹。单击“+”号可以展开它所包含的子文件夹。当文件夹全部展开之后，“+”号就会变成“－”号。单击“－”号可以把已经展开的内容折叠起来，“－”号就会变成“+”号。

在窗户左侧单击文件夹图标，该文件夹中的文件和子文件夹将会自动显示在窗口右边。如果文件夹中包含子文件夹，则同时会自动展开该子文件夹。

③浏览文件和文件夹时可查看一个文件夹或磁盘的内容，可单击选定的图标。要向上移动到上一级文件夹或磁盘上，可单击工具栏上的【向上】按钮；要向后移动到前面所选的磁盘或文件夹中，单击工具栏上的【后退】按钮；要选择前面曾经查看的某个磁盘或文件夹的内容，单击【后退】按钮旁边的带下三角的按钮，然后选择该磁盘或文件夹。用

户可以通过多次单击前进按钮向前移动至所要访问的文件夹。在【地址】栏里输入磁盘、文件夹或网络路径，就可直接查看它们的内容。

④资源管理器提供了一个重要的组件——地址栏。地址栏的使用方法如下：在地址栏中输入文件夹的路径，然后按回车键，可打开相应的文件夹。单击地址栏右侧的下拉箭头，会弹出一个下拉列表，其中显示了计算机上的文件夹，单击其中的选项即可快速打开相应的文件夹；如果要浏览网页，直接在地址栏中输入网址后按回车键即可。如果单击右侧下拉按钮，将在打开的列表中显示最近访问的网页。

（2）文件和文件夹的基本操作

管理文件和文件夹就是用户根据系统和日常管理的需要对文件和文件夹执行创建、移动、复制、重命名、删除和设置等操作。文件和文件夹管理是计算机使用和管理过程中最常用的操作。

1）创建文件夹。用户需要创建一个或多个文件夹，然后将不同类型或用途的文件分别放在不同文件夹中，使自己的文件系统更加有条理。在资源管理器中打开要新建文件或文件夹的文件窗口，用户可以选择如下操作：

①用右键单击文件夹窗口的空白部分，从弹出的快捷菜单中选择【新建】→【文件夹】命令。

②在当前文件夹窗口左侧【文件和文件夹任务】列表中单击【创建一个新文件夹】超链接。

③打开【文件】菜单，选择【新建】→【文件夹】命令。

2）选择文件和文件夹。在 Windows XP 中，执行任何操作之前都需要选择操作对象，Windows XP 提供了多种文件和文件夹的选择方法。

①选择一个文件或者文件夹，在文件夹窗口中单击要操作的对象即可。

②若选择文件夹窗口中的所有文件和文件夹，可选择【编辑】→【全部选定】命令。

③如果用户要选择文件夹窗口中多个不连续的文件和文件夹，可先按下 Ctrl 键，然后单击要选择的文件和文件夹。

④如果用户要选择图标排列连续的多个文件和文件夹，可先按下 Shift 键，并先后单击第一个文件或文件夹图标和最后一个文件或文件夹图标。另外，用户可以通过光标在文件夹窗口中划框来选择文件和文件

夹，凡是在光标所划的矩形框中的文件和文件夹都被选中。

3）移动和复制文件及文件夹。在文件和文件夹管理过程中，经常要对文件和文件夹进行移动和复制操作，以便完成文件和文件夹的整理、备份和使用的需要。

①在对文件及文件夹进行复制或移动时，先打开需要复制或移动的对象所在的文件夹窗口，选中复制或移动的对象，如果要复制对象，在菜单中选择【编辑】→【复制】命令，如果要移动对象，选择【编辑】→【剪切】命令。然后，打开需要复制或移动对象的目标文件夹窗口，在菜单中选择【编辑】→【粘贴】命令，则需要复制或移动的文件、文件夹就会被复制或移动到当前的目标窗口中。

②如果需要通过拖动来复制和移动文件及文件夹，分别打开想要复制或移动的对象所在文件夹窗口和目标文件夹窗口，如果要复制对象，可在按下 Ctrl 键的同时用鼠标左键将对象拖动到目标文件夹窗口中并放置；如果要移动对象，可在按下 Shift 键的同时用鼠标左键将对象拖动到目标文件夹窗口中放置。

③如果用户需要使用鼠标右键拖动文件或文件夹，则在拖动之后系统自动弹出一个快捷菜单让用户选择操作。在这里可以选择复制、移动和建立快捷方式等操作，如图 5—16 所示。

图 5—16　文件拖动快捷菜单

4）重命名文件或文件夹。在【我的电脑】和【资源管理器】窗口中，选择想要重命名的文件或文件夹，在打开窗口的菜单栏中选择【文件】→【重命名】命令，在窗口左侧，单击【文件和文件夹任务】列表中【重命名这个文件夹】超链接，右击想要重命名的文件或文件夹，在弹出的快捷菜单中选择【重命名】命令。单击要重命名的文件或文件夹，然后再单击文件或文件夹的名称项，单击要重命名的文件或文件夹，按键盘上的 F12 键，键入新的文件或文件夹名称，然后单击空白处。

5）删除文件或文件夹

①在【我的电脑】或【资源管理器】中选择要删除的文件和文件夹，

用右键单击后，从弹出的快捷菜单中选择【删除】命令，出现对话框后单击【是】按钮。

②选择要删除的文件或文件夹，从菜单中选择【文件】→【删除】命令，出现对话框之后，单击【是】按钮。

③选择要删除的文件或文件夹，按键盘上的 Delete 键，出现对话框后，单击【是】按钮。

④在 Windows XP 窗口左侧，单击【文件和文件夹任务】列表中【重命名这个文件夹】超链接。

⑤选择要删除的文件或文件夹，用鼠标将它们拖动到桌面的【回收站】图标上。

在默认设置下，删除的文件或文件夹只是从原来位置被移到了回收站，并没有彻底删除，只有在清空回收站或者是在回收站中被再次删除时，所选的文件或文件夹才会被彻底删除。

6）搜索文件或文件夹。用户在使用 Windows XP 过程中，如果系统中的文件和文件夹数量较多，用户需要快速定位到当前需要的文件，对于具体位置不明确的文件或文件夹，可以通过 Windows XP 提供的搜索功能来快速定位，其操作步骤如下：

①选择【开始】→【搜索】→【文件或文件夹】命令，打开【搜索结果】对话框，如图 5—17 所示。

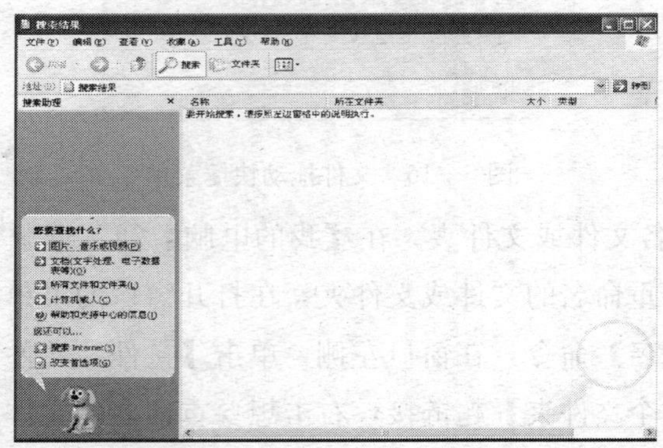

图 5—17 【搜索结果】对话框

②在对话框左侧的【您要查找什么】选项组中单击【所有文件和文件夹】选项，打开向导窗口之二，如图 5—18 所示。

③在【全部或部分文件名】文本框中，输入要查找的文件或文件夹

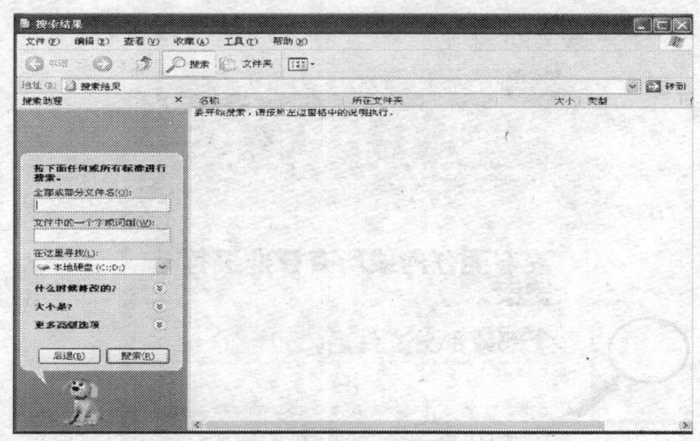

图 5—18 搜索向导窗口之二

的名称。另外，如果用户要查找的文件是标准的 Windows 格式文件（如写字板文件、文本文件或 Word 文档），那么用户也可以在【文件中的一个字或词组】文本框中，输入想要搜索的文件中所包含的文字内容。

④在【在这里寻找】下拉列表框中确定搜索的范围，可以选定搜索单个的驱动器，也可选择搜索整个计算机，如果选择了下拉列表框中的【浏览】选项，还可以在网络中进行搜索。

⑤通过【什么时候修改的】和【大小是】超链接，还可以进一步指定搜索的范围。例如，用户如果知道文件的上一次修改日期及该文件大小，可按如图 5—19 所示进行设置。

⑥设定了所有需要的选项之后，单击【搜索】按钮，中文版 Windows XP 将在计算机或网络中搜索符合条件的文件或文件夹，并把搜索结果在右侧的窗口中列出，如图 5—20 所示。在搜索过程中，单击【停止】按钮，将停止此次搜索操作。

（3）设置文件属性

在 Windows XP 中，为了加强对文件夹的管理和使用，还应合理设置文件夹属性。

1）自定义文件夹

①在任意文件夹窗口的菜单栏中选择菜单中的【查看】→【自定义文件夹】命令，打开当前文件夹的属性对话框的【自定义】选项卡，如图 5—21 所示。

②在【您想要哪种文件夹?】选项组的【用此文件夹类型作为模板】下拉列表框中，选择作为当前文件夹模板的文件夹类型。选择【把此模板应用到所有子文件夹】复选框，则可将所选的文件夹类型作为当前文

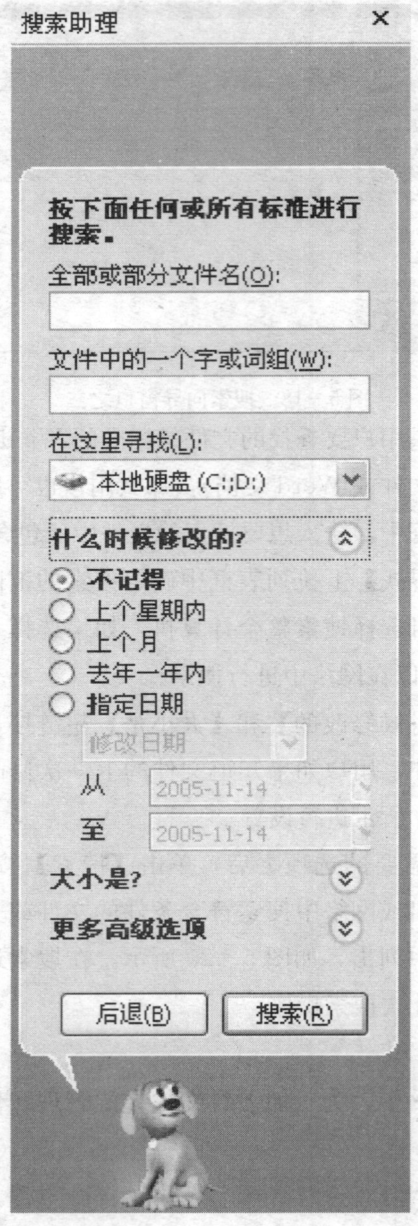

图 5—19　设置查找范围

件夹所有子文件夹的模板。

③在【文件夹图片】选项组中单击【选择图片】命令，在打开的【浏览】对话框中（见图 5—22）可以指定一幅图像文件作为文件夹的外观图案。单击【还原默认图标】按钮，可以消除用户自定义的图案，并返回到 Windows XP 默认模式。

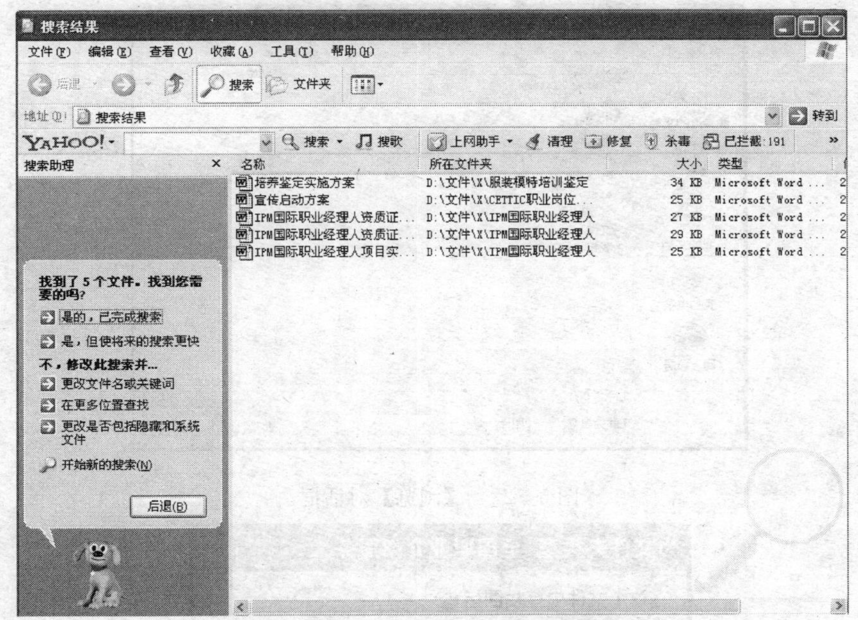

图 5—20　搜索到符合条件的文件和文件夹

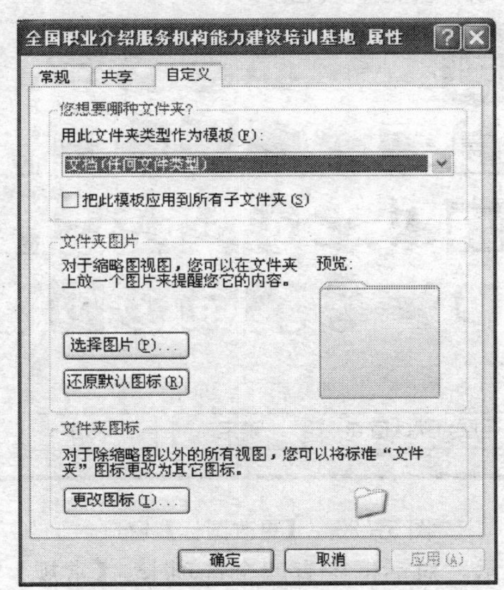

图 5—21　【自定义】选项卡

④单击【更改图标】按钮，在打开如图 5—23 所示窗口中，可以更改文件夹在 Windows XP 中显示的默认图标样式。

2）设置文件夹的浏览方式。设置文件夹在资源管理器中的显示和浏览方式，在【Windows 资源管理器】窗口或任意文件夹窗口的菜单栏中选择【工具】→【文件夹选项】命令，可打开【文件夹选项】对话

图 5—22 【浏览】对话框

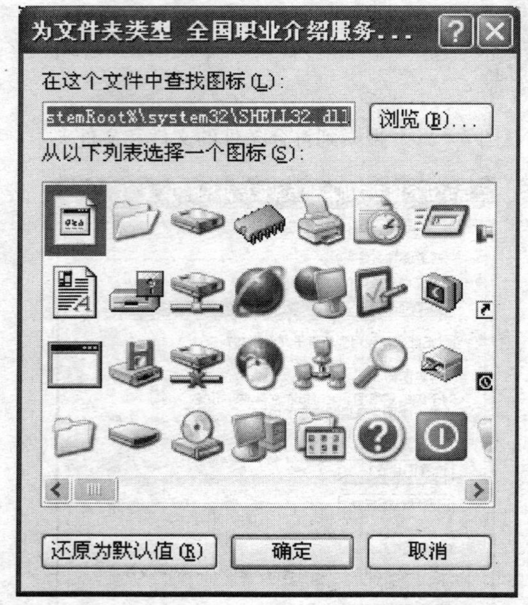

图 5—23 【更改图标】窗口

框，如图 5—24 所示，对话框中有四个选项卡：【常规】【查看】【文件类型】及【脱机文件】。在【常规】选项卡中，用户可以进行以下几种设置。

①在【任务】选项中，选择【在文件夹中显示常见任务】单选按钮，将会在文件夹的左侧显示一些常用任务的超链接，如果选择【使用 Windows 传统风格的文件夹】选项，则设置使用 Windows 传统风格的文件夹。

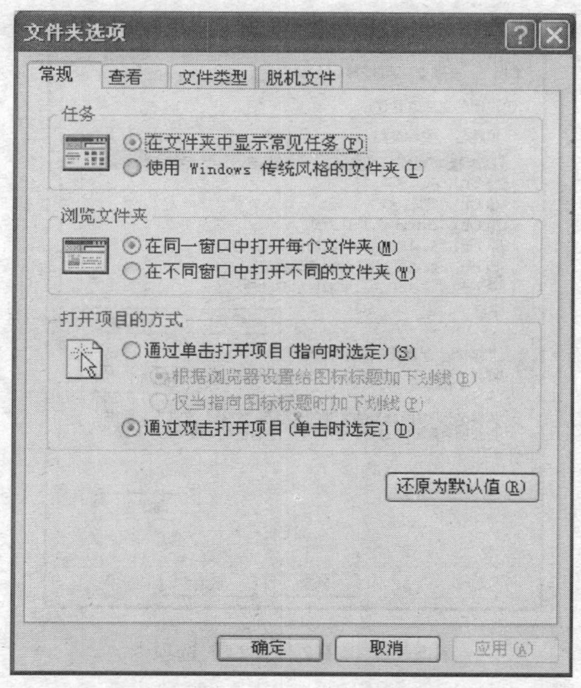

图 5—24 【文件夹选项】对话框

②在【浏览文件夹】选项中，选择【在同一窗口中打开每个文件夹】单选按钮，则每一个选中的文件夹都将在同一个窗口中打开；选择【在不同窗口中打开不同的文件夹】单选项，则每打开一个文件夹都会打开一个新窗口。

在【打开项目的方式】选项中，选择【通过单击打开项目（指向时选定)】单选按钮，可在鼠标指向项目时就选中它，单击左键即可打开选中的内容，其中的【根据浏览器设置给图标标题加下划线】和【仅当指向图标标题时加下划线】选项可以设定加下划线的方式；选择【通过双击打开项目（单击时选定)】单选按钮，可以按用户比较熟悉的双击方式来打开项目。

3）注册和编辑文件类型。可以在 Windows XP 桌面选择【开始】→【设置】→【控制面板】命令，在打开的【控制面板】对话框中单击【文件夹选项】图标，打开【文件夹选项】对话框，单击【文件类型】选项卡，如图 5—25 所示。

①创建新的文件类型时，在【已注册的文件类型】列表框中，单击【新建】按钮，打开【新建扩展名】对话框，在【文件扩展名】文本框中

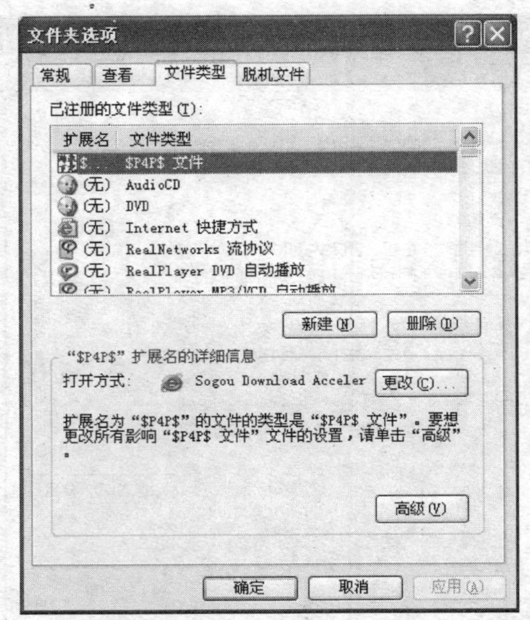

图 5—25　【文件类型】选项卡

输入新的或现有的文件扩展名，并单击【高级】按钮，在【关联的文件类型】下拉式列表框中通过输入或选择【新建】按钮以创建一个与文件扩展名相关联的文件类型，单击【确定】按钮即可。如图 5—26 所示。

图 5—26　【新建扩展名】对话框

②如果要删除一个不必要的文件类型，在【已注册的文件类型】列表框中选择它，然后单击【删除】按钮即可。

③更改文件的打开方式（用户要修改已建立关联的文件的打开方式），可在列表中选择要操作的文件类型，在【文件类型】选项卡下方的选项区域中单击【更改】按钮，打开【打开方式】对话框，如图 5—27 所示。选择想要用来打开文件的应用程序，单击【确定】按钮即可。不过，如果在列表中没有找到相应的程序，可单击【浏览】按钮，选择其他应用程序来打开文件。

④要编辑某个文件类型，可在【已注册的文件类型】列表框中选择

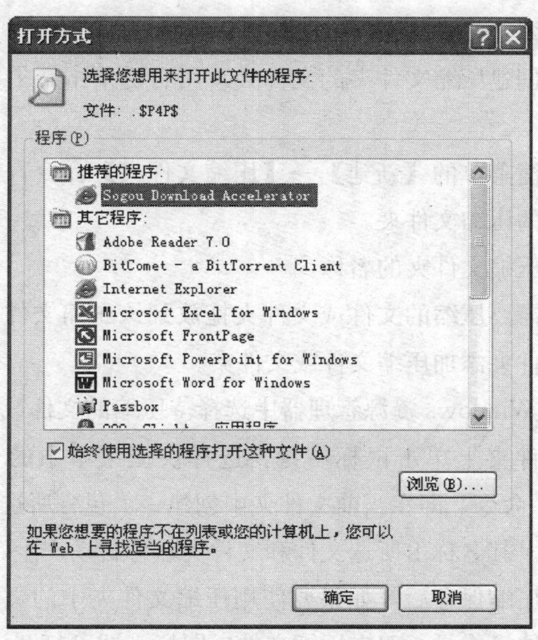

图 5—27　【打开方式】对话框

它，然后单击【高级】按钮，打开如图 5—28 所示的【编辑文件类型】对话框来进行一些高级设置。在【编辑文件类型】对话框中，用户可以通过【更改图标】按钮来为该类型的文件更换图标，也可以通过【新建】【编辑】和【设置默认值】等按钮来设置对该类型的文件的相关操作。设置完毕后，单击【确定】按钮，返回到【文件类型】选项卡，然后单击【应用】按钮，保存设置。

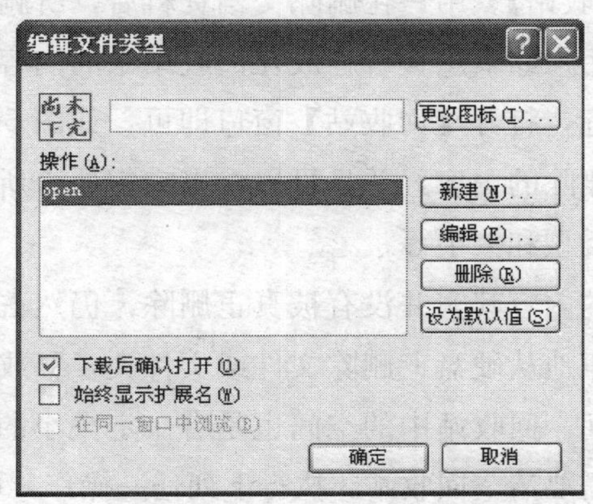

图 5—28　【编辑文件类型】对话框

4）压缩文件和文件夹。Windows XP 有一个非常实用的压缩/解压缩程序——压缩文件夹程序，可非常方便地用来压缩或解压缩文件和文件夹。创建压缩文件夹的操作方法如下：

①打开要创建压缩文件夹的文件夹，用右键单击结果窗口中的空白区域。

②选择快捷菜单的【新建】→【压缩文件夹】命令，在当前文件夹中创建一个空的压缩文件夹。

③更改该压缩文件夹的名称。

④直接把需要压缩的文件或文件夹拖放到该压缩文件夹图标上，即可给该压缩文件夹添加压缩文件或文件夹。

⑤或者在 Windows 资源管理器中选择待压缩的文件或文件夹，在选中的文件或文件夹上单击鼠标右键，选择快捷菜单中的【发送到】→【压缩文件夹】命令，即在当前文件夹中创建一个包含所选文件和文件夹的压缩文件夹。其名称由所选文件和文件夹名称自动产生。

⑥将文件压缩保存后，如果要使用压缩文件夹中的文件，就需要解压缩文件，具体操作是：双击压缩文件夹图标，即可打开该压缩文件夹。往外拖放文件或文件夹，就可以直接从压缩文件夹中提取压缩文件或文件夹。也可采用先在压缩文件夹中选择、复制待解压缩的文件和文件夹，然后再在目标文件夹中用粘贴这些文件和文件夹的方式提取所需的文件和文件夹。

另外，在打开压缩文件夹后，如果往压缩文件夹窗口中拖放文件或文件夹（包括压缩文件夹），也可以向该压缩文件夹添加压缩文件。

5）使用【回收站】。用户在删除文档资料后，所删除的内容就将被移至回收站中。用户如果想查看存放在回收站中的内容，可在桌面上双击【回收站】图标，打开【回收站】窗口即可，如图 5—29 所示。窗口中列出了用户所删除的内容，并且可以看出它们原来所在的位置、被删除的日期、文件类型和大小等。

①回收站中的内容其实并没有被真正删除，仍然占用硬盘空间。清空回收站可以真正地从硬盘上删除文件或文件夹，释放回收站中的内容所占用的硬盘空间。回收站中的空间也是有一定大小的，当回收站已满时，系统将提示需要清空回收站。执行下列任一操作，可以清空回收站：

a. 在桌面上用鼠标右键单击【回收站】图标，在弹出的快捷菜单中选择【清空回收站】命令。

b. 双击【回收站】图标，在打开的【回收站】窗口左侧单击【清空

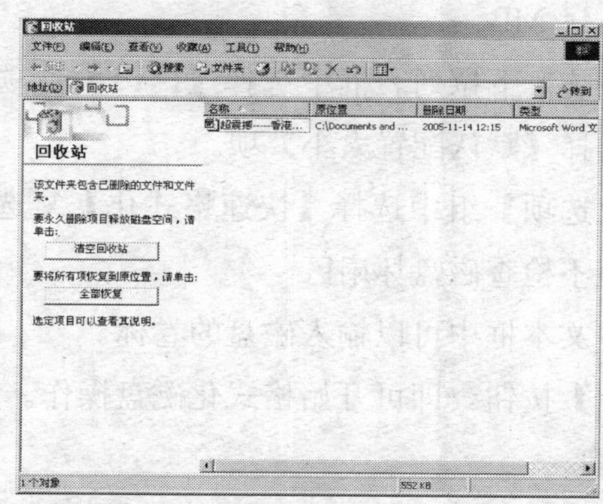

图 5—29 【回收站】窗口

回收站】按钮。

c. 在【回收站】窗口中选择【文件】→【清空回收站】命令。

d. 在【回收站】菜单栏中选择【文件】→【删除】命令。

e. 用鼠标右键单击想要删除的项目，在弹出的快捷菜单中选择【删除】命令。

②如果要还原回收站的内容，打开【回收站】窗口，选定要还原的项目，执行下列操作：

a. 菜单中选择【文件】→【还原】命令。

b. 用鼠标右键单击想要还原的项目，在弹出的快捷菜单中选择【还原】命令。

c. 在【回收站】窗口的左侧单击【还原所有项目】按钮。

5. Windows XP 磁盘管理和维护

磁盘是计算机中的主要存储设备，它一旦出了问题，可能会丢失重要的数据。因此，定期对磁盘进行管理与维护是非常必要的。Windows XP 提供了强大的磁盘管理和维护工具，可方便、快捷、安全地对磁盘进行格式化、复制、检查与清理等操作。

(1) 磁盘的格式化

1) 格式化软盘

①在桌面上双击【我的电脑】图标，打开【我的电脑】文件夹。

②用鼠标右键单击要格式化的软盘驱动器图标，在弹出的快捷菜单中选择【格式化】命令，打开【格式化】对话框。

③从【容量】下拉列表框中选择要格式化的磁盘容量，一般标准

3.5 寸软盘都为 1.44 MB。

④从【文件系统】下拉列表框中选择【FAT】选项，在分配单元大小下拉列表框中选择【默认配置大小】项。

⑤在【格式化选项】组中选择【快速格式化】复选框，将删除磁盘上的所有文件，但不检查磁盘坏扇区。

⑥在【卷标】文本框中可以输入磁盘的卷标。

⑦单击【开始】按钮，即可开始格式化磁盘操作。

2）格式化硬盘

①在桌面上双击【我的电脑】图标，打开【我的电脑】文件夹。

②用鼠标右键单击要格式化的硬盘驱动器图标，在弹出的快捷菜单中选择【格式化】命令，打开【格式化】对话框。

③从【文件系统】下拉列表框中选择【NTFS 格式】。

④在分配单元大小下拉列表框中设置磁盘格式化后每个存储单元的容量大小，一般采用默认设置。

⑤在【卷标】文本框中可以输入磁盘的卷标。如为空，则默认为“本地磁盘”。

⑥在【格式化选项】组中选择【快速格式化】复选框，将删除磁盘上的所有文件，但不检查磁盘坏扇区。

⑦在【格式化选项】中选择【启用压缩】复选框，将对磁盘启用压缩程序。

⑧单击【开始】按钮，即可开始格式化磁盘操作。

（2）磁盘的碎片清理、整理

计算机磁盘经过一段时间的使用，由于反复写入和删除文件，磁盘上碎片文件或文件夹过多，磁盘上的空闲空间是分散的，Windows 系统必须把新建的文件和文件夹存储在卷上不同的地方，用户需要定期对磁盘碎片进行整理，系统把碎片文件和文件夹的不同部分移动到卷上的同一个位置，于是文件和文件夹就拥有一个自己独立的连续空间，用户可以高效地访问文件或文件夹。为保证系统运行正常，要求对计算机硬盘定期进行清理，操作步骤如下：

1）在 Windows XP 桌面选择【开始】→【程序】→【附件】→【系统工具】→【磁盘清理】命令，打开【磁盘驱动器】对话框，如图 5—30 所示。

2）在【驱动器】下拉列表框中选定要进行清理的磁盘，并单击【确定】按钮，系统将打开当前驱动器的磁盘清理窗口，如图 5—31 所示。

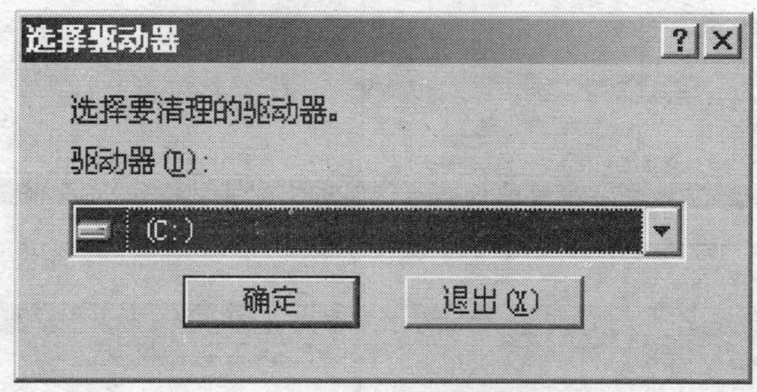

图 5—30 【选择驱动器】对话框

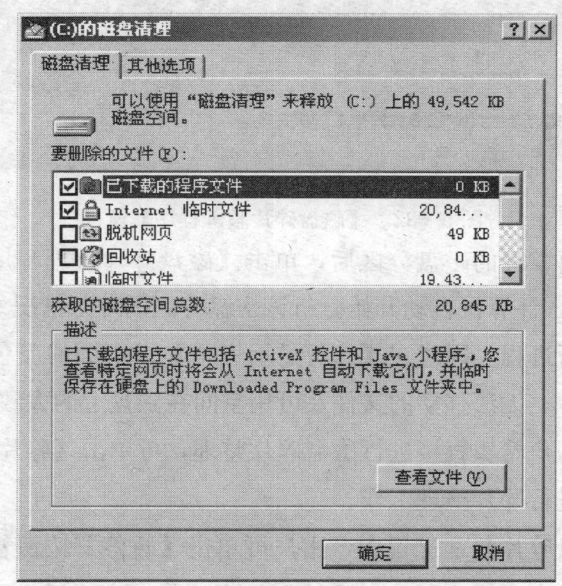

图 5—31 磁盘清理窗口

3）在【要删除的文件】列表框中，系统列出当前驱动器上所有可删除的无用文件。

4）用户可以通过启用这些文件前的复选框来确认是否删除该文件。在磁盘清理对话框的【描述】选项区域中，用户可以了解被选中文件的有关信息。另外，用户还可以单击【查看文件】按钮来查看被选中的文件夹中所包含的文件。选中需要删除的文件后，单击【确定】按钮系统将完成删除操作。

5）磁盘的碎片整理

①在 Windows XP 桌面选择【开始】→【程序】→【附件】→【系统工具】→【磁盘碎片整理程序】命令，打开的【磁盘碎片整理程序】，如图 5—32 所示。

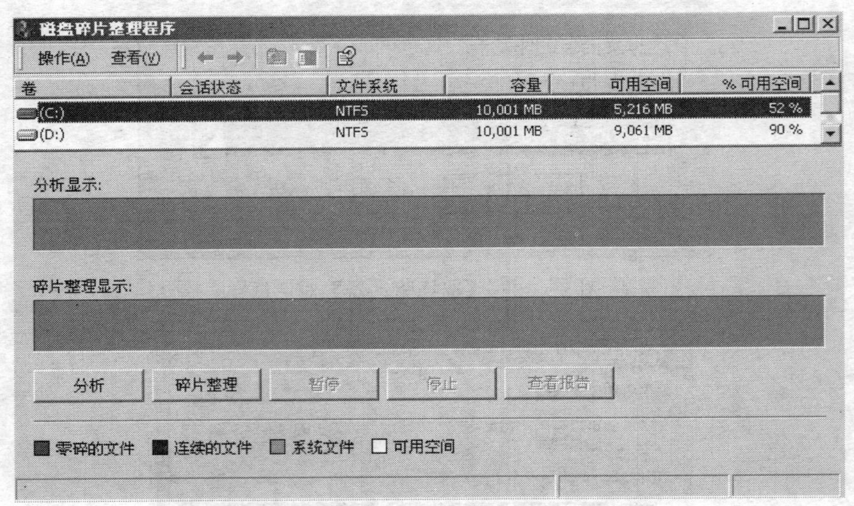

图 5—32　【磁盘碎片整理程序】窗口

②选择要整理的磁盘分区后，单击【磁盘碎片整理程序】窗口中的【分析】按钮，计算机自动开始分析该磁盘分区的碎片情况。状态栏中将显示磁盘分析进程，同时在【分析显示栏中】以不同的颜色显示零碎文件、连续文件、无法移动的文件及可用空间在磁盘上的大致位置。

③如果用户希望直接进行磁盘碎片整理，可单击【碎片整理】按钮，系统将自动进行碎片整理工作。

④在磁盘碎片整理过程中，用户可单击【暂停】按钮暂时终止整理工作，也可单击【停止】按钮来结束整理工作。完成后，可单击【查看报告】按钮，以便查看磁盘碎片整理结果，如图 5—33 所示。

(3) 磁盘扫描

使用【磁盘查错】工具，用户不但可以对硬盘进行扫描，还可以对软盘进行检测并修复。一般来说，用户需要经常利用它来扫描计算机的启动硬盘并修复错误，以免因系统文件和启动磁盘的损坏而导致中文版 Windows XP 不能启动或不能正常工作。

(4) 查看磁盘信息

在 Windows XP 中，可以查看磁盘信息，对磁盘进行有针对性的管理。具体操作如下：

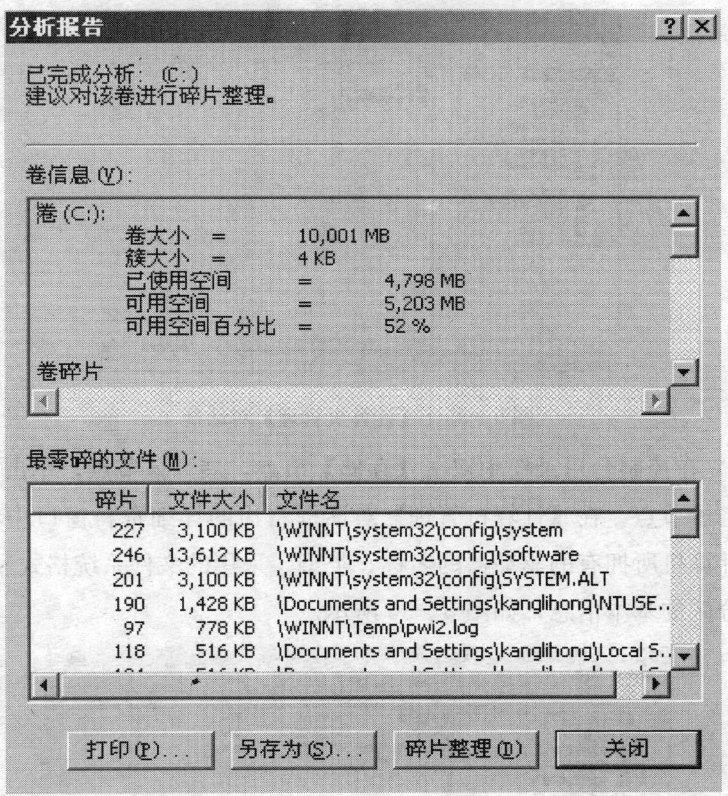

图 5—33　【分析报告】对话框

1）在 Windows XP 桌面上选择【开始】→【设置】→【控制面板】命令，打开【控制面板】窗口，双击【管理工具】图标，打开【管理工具】窗口，双击【计算机管理】图标，打开【计算机管理】对话框，如图 5—34、图 5—35 所示。

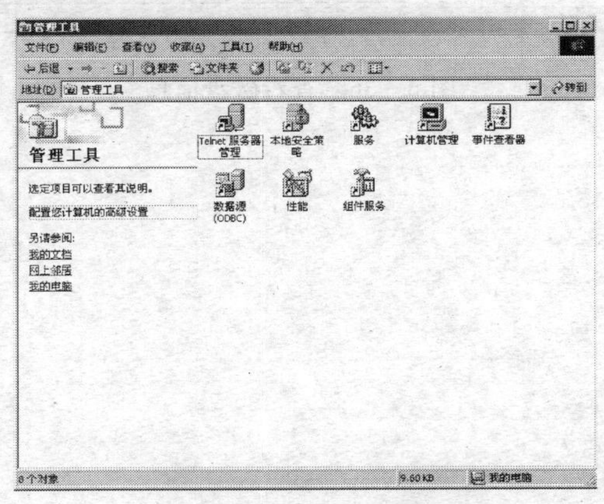

图 5—34　【管理工具】窗口

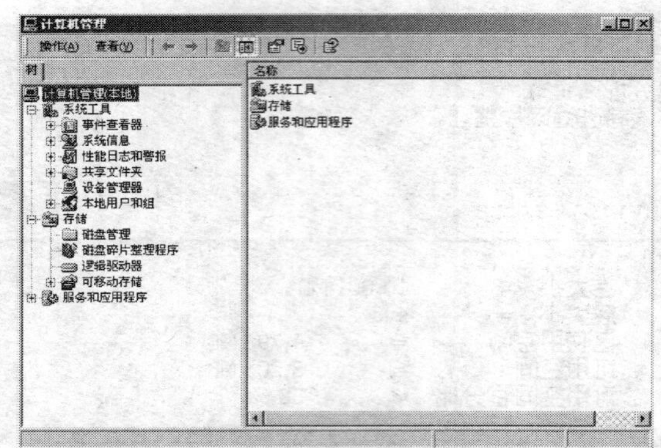

图 5—35 【计算机管理】对话框

2）在控制台目录树中双击【存储】节点，展开该节点，单击【磁盘管理】子节点，在【计算机管理】对话框右边的详细资料窗口中将显示本地计算机所拥有的驱动器的名称、类型、采用的文件系统格式和状态，以及分区的基本信息，如图 5—36 所示。

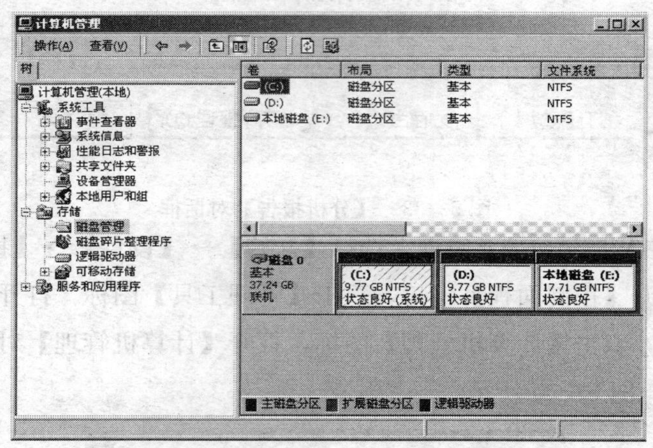

图 5—36 查看磁盘信息

第六章

相关法律、法规及标准规范

第一节 相关法律、法规

一、劳动法相关知识

1. 劳动法的概念

劳动是人们创造物质财富和精神财富的有意识、有目的的活动，没有劳动就没有人类，就没有社会的发展。但是，《中华人民共和国劳动法》（以下简称《劳动法》）的所称劳动，并不是指一切劳动。劳动法中所指的劳动，有以下特征：

（1）劳动法的劳动一般是人们在争取与实现劳动权过程中的劳动，如劳动就业法律保障是劳动法的重要内容；

（2）劳动法的劳动是有偿性劳动，它区别于无偿的义务劳动；

（3）劳动法的劳动带有劳雇关系，双方具有从属关系。

劳动法是指调整劳动关系以及与劳动关系有密切联系的其他社会关系的法律规范总称。劳动法学所研究的劳动法，不只是狭义上的劳动法，而是全部劳动法律规范，即广义的劳动法。

1）广义的劳动法调整两部分社会关系，即劳动关系和与劳动关系密切联系的其他关系。一个部门法除调整主要社会关系外，还可以调整与其有关的社会关系，劳动法、民商法等都是如此。

2）广义的劳动法是法律规范的总称，即不仅包括调整劳动关系的基本法，而且包括所有单行法规、地方性法规等。

2. 劳动法的基本原则

劳动法的基本原则是指制定劳动法律制度和劳动法律规范的指导思想，是调整劳动关系以及与劳动关系有密切联系的其他社会关系的基本准则。

劳动法的基本原则，对劳动法的全部内容有指导作用，它是总体上的指导思想，而不是对某一具体内容的指导。劳动法中的每一个具体内容也有一些相关的原则，但不是基本原则。

劳动法的基本原则对劳动立法、劳动执法、劳动法律解释，乃至于劳动法的理论研究都是必须遵守的基本准则。如劳动法基本原则中的三方性原则，即处理各项劳动关系中注意劳动者、政府、工会组织三方的利益关系。在劳动合同、集体合同、劳动法的监督检查、劳动争议的处理等问题的立法、执法中，都要遵循这一基本原则。对劳动关系中利益冲突的研究也离不开三方性原则。

劳动法基本原则包括：公民享有劳动权利和履行劳动义务原则；劳动法主体利益平衡中的三方性原则；劳动者享有综合性权利原则（普遍权利和特殊权利保障；财产权利和人身权利保障；个人权利与集体权利保障；平等权利和优先权利保障；实体权利和程序权利保障）。

综上所述，劳动法的综合权利保障原则是劳动法基本原则的重要组成部分。

3. 劳动法的作用

劳动法的实施是指劳动法在社会生活中能够切实地、全面地、真正地得到实现。法律的制定和颁布只是告诉人们应该做什么和不允许做什么。我国已颁布了大量的劳动法律规范，将这些规范形成各用人单位和劳动者的实际行为，就要依靠法律的实施。法律的实施主要包括执行法律和遵守法律两个方面。

劳动法的作用是指劳动法在协调社会劳动关系、稳定社会秩序、促进社会进步中的重要影响。其作用为：劳动法是公民基本权利的重要保障；劳动法是维护劳动关系双方的合法权益、实现社会稳定的重要保障；劳动法保障劳动力市场有序发展，促进市场经济不断完善；劳动法是促进社会发展的重要保障。

4.《劳动法》的相关条款介绍

1994 年 7 月 5 日第八届全国人民代表大会常务委员会第八次会议通过了《中华人民共和国劳动法》，并于 1995 年 1 月 1 日起施行。该法包括劳动关系中的就业、劳动合同、劳动时间、报酬、劳动安全卫生、女职工和未成年工特殊保护、职业培训、社会保险和福利、劳动争议、监督检查与法律责任。这是新中国成立后第一部综合调整劳动纠纷的法律，是我国劳动立法的里程碑。

（1）促进就业

劳动就业，是指具有劳动能力的公民在法定年龄内从事有一定劳动报酬或劳动收入的合法职业，其实质是劳动力与生产资料的结合。只有实现了就业，劳动关系才能够产生和存续，只有实现了就业，公民的劳动权才能实现。我国一直十分重视履行促进劳动就业的职责，将促进就业的职责在《劳动法》中明确规定，根据“国家采取各种措施，促进劳动就业”的法律原则规定，国家应当在以下几个方面履行其职责：

1）国家通过促进经济和社会发展，创造就业条件，扩大就业机会。一方面，国家鼓励企业、事业组织、社会团体在法律、行政法规规定的范围内兴办产业或者拓展经营，增加就业；另一方面，国家支持劳动者自愿组织起来就业和从事个体经营实现就业。

2）政府要采取各种措施，发展多种类型的职业介绍机构，为劳动者提供就业服务。

3）国家保障劳动者平等就业的权利。劳动者就业，不因民族、种族、性别、宗教信仰不同而受歧视。妇女享有与男子平等的权利，在录用职工时，除国家规定的不适合妇女的工种或者岗位外，不得以性别为由拒绝录用妇女或者提高对妇女的录用标准。

4）国家保障残疾人、少数民族人员、退出现役的军人的就业权利，对其就业采取措施进行保障。

5）国家采取各种措施，发展职业教育，提高劳动者的素质，增强劳动者的就业能力。且采取行政配置型劳动就业制度和市场导向型劳动就业制度来促进和保障劳动者充分就业。

（2）劳动合同和集体合同

劳动合同，也称为劳动契约、劳动协议，还称为雇用合同、雇用契约，是指劳动者与用人单位之间为确立劳动关系，依法协商达成的明确双方权利和义务的协议。根据我国《劳动法》的规定，建立劳动关系应当订立劳动合同，凡是建立劳动关系的所有劳动者，都必须订立劳动合同。劳动合同是劳动关系建立的基础。

集体合同，也称为集体契约（或集体协议）、团体协约（或团体协议）。集体合同是指职工代表、工会或工会团体与企业、企业的组织根据法律法规的规定就劳动报酬、工作时间、休息休假、劳动安全卫生、保险福利等事项在平等协商一致基础上签订的书面协议。

1）签订集体合同的原则。根据《集体合同规定》的规定，签订集体合同应当遵循下列原则：遵守法律、法规、规章及国家有关规定；相互尊重，平等协商；诚实守信，公平合作；兼顾双方合法权益；不得采取过激行为。

2）签订集体合同的程序：集体协商，拟定集体合同草案；讨论并通过集体合同草案；签署集体合同与审查备案；公布。

3）劳动合同的订立。劳动合同订立是指劳动者和用人单位之间依法就劳动合同条款进行平等协商，达成协议，确立劳动关系和明确相互权利义务的法律行为。订立劳动合同是建立劳动法律关系的前提和基础。根据我国《劳动法》的规定，订立劳动合同应当遵循平等自愿、协商一致的原则，不得违反法律、行政法规的规定。

4）劳动合同的履行、变更、终止

①劳动合同履行及履行原则。劳动合同的履行，是指劳动合同的双方当事人按照合同约定履行各自的义务，并享有各自的权利的行为。劳动合同依法生效以后，合同的双方当事人就必须履行合同。当事人在履行劳动合同过程中必须坚持以下三项原则：亲自履行原则；全面履行原则；合作履行原则。

②劳动合同的变更。劳动合同内容的变更，是指劳动合同双方当事人就已经产生的合同条款达成的修改或补充的法律行为。劳动合同的变更发生于劳动合同已经依法生效但是还没有完全履行完毕期间。一般来讲，劳动合同签订以后，当事人均应信守合同，不得轻易更改，但由于一定的主客观情况的变化，使原合同继续履行有一定困难时则允许依法变更劳动合同。

与劳动合同的订立一样，劳动合同的变更同样应当遵循平等自愿、协商一致的原则，不得违反法律、行政法规的规定。劳动合同的变更是双方当事人的法律行为，提出变更要求的一方应当提前通知对方，并须取得对方当事人的同意。只有在双方当事人就合同变更协商一致，达成协议之后，劳动合同的变更才成立，才对双方当事人发生法律效力，在此之前，双方当事人仍然要按照原来合同的约定履行自己的义务。

③劳动合同的终止和解除。劳动合同的终止，是指劳动合同的法律效力终止。劳动合同的终止可以分为正常的终止和非正常的终止两种。正常的终止，是指劳动合同期满或者当事人约定的劳动合同终止条件出现，劳动合同即行终止；非正常的终止，是指劳动合同的提前终止，即劳动合同的解除。

(3) 工作时间和休息休假

工作时间是指劳动者根据国家法律的规定，在1个昼夜或1周之内从事本职工作的时间。

休息时间，广义的休息时间是指劳动者按照国家的法律规定，不从事工作而自己自由支配的时间，是劳动者在工作时间之外的所有休息时间的总和。我国《劳动法》明确规定，国家实行劳动者每日工作时间不超过八小时、平均每周工作时间不超过四十小时的工时制度。对实行计件工作的劳动者，用人单位应当根据本法第三十六条规定的工时制度合理确定其劳动定额和计件报酬标准。用人单位应当保证劳动者每周至少休息一日。企业因生产特点不能实行本法第三十六条、第三十八条规定的，经劳动行政部门批准，可以实行其他工作和休息方法。用人单位在下列节日期间应当安排劳动者休假：元旦，春节，国际劳动节，国庆节，法律、法规规定的其他休假节日。

(4) 工资条款

工资，是指用人单位按照法律法规的规定和集体合同与劳动合同的约定，依据劳动者提供的劳动数量和质量以货币形式直接支付给本单位劳动者的劳动报酬，一般包括计时工资、计件工资、奖金、津贴和补贴、延长工作时间的工资报酬以及特殊情况下支付的工资等。

工资分配的基本原则是：工资分配应当遵循按劳分配原则，实行同工同酬。工资水平在经济发展的基础上逐步提高。国家对工资总量实行宏观调控。用人单位根据本单位的生产经营特点和经济效益，依法自主确定本单位的工资分配方式和工资水平。国家实行最低工资保障制度。最低工资的具体标准由省、自治区、直辖市人民政府规定，报国务院备案。用人单位支付劳动者的工资不得低于当地最低工资标准。确定和调整最低工资标准应当综合参考下列因素：劳动者本人及平均赡养人口的最低生活费用；社会平均工资水平；劳动生产率；就业状况；地区之间经济发展水平的差异。工资应当以货币形式按月支付给劳动者本人。不得克扣或者无故拖欠劳动者的工资。劳动者在法定休假日和婚丧假期间以及依法参加社会活动期间，用人单位应当依法支付工资。

（5）劳动安全卫生

职业安全卫生，即劳动安全卫生。劳动保护，是指规定劳动者的劳动条件和工作环境状况，保护劳动者在劳动中的生命安全和身体健康的各项法律规范。

职业安全卫生法律规范的实施具有强制性，不允许用人单位通过任何形式免除或降低职业安全卫生保护的法定义务，同时也不允许劳动者本人基于任何动机放弃劳动安全卫生保护的权利。

通过条款约束，保护劳动者的生命权和健康权，促进生产力的发展和劳动生产率的不断提高。

（6）女职工和未成年工特殊保护

女职工劳动权的保护主要是消除性别歧视，集中体现在两个方面，一是享有平等的就业权利；二是同工同酬。《劳动法》规定：“妇女享有与男子平等的就业权利。在录用职工时，除国家规定的不适合妇女的工种或岗位外，不得以性别为由拒绝录用妇女或者提高对妇女的录用标准。”“工资分配应当遵循按劳分配原则，实行同工同酬。”同时《劳动法》明文规定禁止女职工从事的劳动范围以及特殊生理期间的保护。

未成年工是指年满 16 周岁、未满 18 周岁的劳动者。未成年工的劳动保护是针对未成年工处于生长发育期的特点以及接受义务教育的需要，而采取的特殊劳动保护措施。《劳动法》对未成年工从事的劳动范围进行法律约束，同时用人单位应对未成年工定期进行检查登记制度。

（7）职业培训

职业培训，又称职业教育、职业训练、职业技术培训或职业技能开发，是指根据社会各种职业需求以及劳动者的从业意愿和条件，对要求就业的失业者及在职劳动者所进行的培养与提高其专业技术知识和职业技能的教育及训练。

我国《劳动法》规定，国家通过各种途径，采取各种措施，发展职业培训事业，开发劳动者的职业技能，提高劳动者素质，增强劳动者的就业能力和工作能力。各级人民政府应当把发展职业培训纳入社会经济发展的规划，鼓励和支持有条件的企业、事业组织、社会团体和个人进行各种形式的职业培训。

根据《劳动法》和其他相关法律规定，用人单位应当建立职业培训制度，按照国家规定提取和使用职业培训经费，根据本单位实际情况，有计划地对劳动者进行职业培训。

（8）社会保险和福利

社会保障法是调整以国家、社会保障职能机构和全体社会成员为主体，为保证全体社会成员的基本生活需要而发生的社会关系的法律规范的总称。社会保障法具有广泛的社会性、严格的强制性、特定的技术性，对象为全体社会成员。《劳动法》中设“社会保险和社会福利”专章，对养老保险、疾病保险、工伤保险、失业保险、生育保险、遗嘱津贴和社会福利作了原则规定。

（9）劳动争议

劳动争议又称劳动纠纷、劳资纠纷、劳资争议，是指劳动者及工会（劳动者组织）与用人单位及其组织之间因劳动权利和劳动义务而发生的纠纷和争议。劳动争议包括劳动者个人与某个用人单位之间的争议，劳动者组织（工会）与某个用人单位之间的争议，劳动者组织与用人单位之间的争议。

1）争议的范围。1994 年颁布的《劳动法》中并没有明确劳动争议的范围，1993 年 7 月发布的《企业劳动争议处理条例》（以下简称《劳动争议处理条例》）中以列举的形式规定了劳动争议包括的内容：因企业开除、除名、辞退职工和职工辞职、自动离职发生的争议；因执行国家有关工资、保险、福利、培训、劳动保护的规定发生的争议；因履行劳动合同发生的争议；法律、法规规定应当依照本条例处理的其他劳动争议。

2）处理的原则

①着重调解，及时处理。

②在查清事实的基础上，依法处理。

③当事人在适用法律上一律平等。

3）处理的途径。根据我国《劳动法》的规定，用人单位与劳动者发生劳动争议，当事人可以依法申请调解，仲裁，提起诉讼，也可以协商解决。因签订集体合同发生争议，当事人协商解决不成的，当地人民政府劳动行政部门可以组织有关各方协调处理。因履行集体合同发生争议，当事人协商解决不成的，可以向劳动争议仲裁委员会申请仲裁；对仲裁裁决不服的，可以自收到仲裁裁决书之日起 15 日内向人民法院提起诉讼。可见，我国劳动争议解决的途径主要有：协商、调解、仲裁、诉讼和行政解决。

（10）违反劳动法的法律责任

违反劳动法的法律责任，是指劳动法主体因违反劳动法而依法应当承担的法律后果。

1）用人单位的法律责任。建立和完善合法的规章制度，既是用人单位的合法权利，也是其应当履行的义务。我国《劳动法》规定："用人单位应当依法建立和完善规章制度，保障劳动者享有劳动权利和履行劳动义务。""用人单位制定的劳动规章制度违反法律、法规规定的，由劳动行政部门给予警告，责令改正；对劳动者造成损害的，应当承担赔偿责任。"原劳动部发布的《违反〈中华人民共和国劳动法〉行政处罚办法》（以下简称《行政处罚办法》）第 3 条规定："用人单位制定的劳动规章制度违反法律、法规规定的，应给予警告，并责令限期改正；逾期不改的，应给予通报批评。"同时还规定了用人单位违法延长劳动者工作时间的法律责任、用人单位侵害劳动者合法权益的法律责任、用人单位违反劳动安全卫生法律规范的法律责任、用人单位强令劳动者违章冒险作业的法律责任、用人单位非法招用童工的法律责任、用人单位违反女职工及未成年工特殊保护法律规定的法律责任、用人单位侵犯劳动者人身自由的法律责任、用人单位订立无效劳动合同的法律责任、用人单位违法解除或者故意拖延不订立劳动合同的法律责任、用人单位招用尚未解除劳动合同的劳动者的法律责任、用人单位无故不缴纳社会保险费的法律责任、用人单位无理阻挠行政监督检查、打击报复举报人员的法律责任、用人单位违法招聘的法律责任。

2）劳动者的法律责任。《劳动法》规定了劳动者违法解除劳动合同和违反保密义务的法律责任，根据规定，劳动者违反劳动法规定的条件解除劳动合同或者违反劳动合同约定的保密事项，对用人单位造成经济损失的，应当依法承担赔偿责任。

劳动者违反规定或劳动合同的约定解除劳动合同，对用人单位造成损失的，劳动者应赔偿用人单位下列损失：用人单位招收录用其所支付的费用；用人单位为其支付的培训费用，双方另有约定的按约定办理；对生产、经营和工作造成的直接经济损失；劳动合同约定的其他赔偿费用。

劳动者违反劳动合同中约定的保密事项，对用人单位造成经济损失的，按《反不正当竞争法》的规定支付用人单位赔偿费用。同时《劳动法》对劳动行政部门或有关部门工作人员的法律责任、国家工作人员和社会保险基金经办机构的工作人员的法律责任、工会的法律也有条文规定。

二、合同法相关知识

1. 合同法概述

合同又称契约，是指民事法律关系中平等主体的自然人、法人、其他组织之间设立、变更、终止民事权利义务关系的协议。

我国的合同法是为了保护合同当事人的合法权益，维护社会经济秩序，促进社会主义现代化建设而制定的法律。合同法是调整合同关系法律规范的总称。

（1）合同的法律特征

1）合同必须是双方或多方当事人意思表示一致。意思表示不一致是指未取得一致的协议，合同就不能成立，这是订立合同的前提条件，因为合同是双方或多方的法律行为，不是单方的法律行为。

2）合同是合法的民事行为。依法成立的合同对当事人具有法律约束力，即当事人在合同中约定的权利义务发生法律效力。当事人应当履行自己的义务，非依法律规定或者取得对方同意，不得擅自变更或者解除合同。

（2）合同法的基本原则

1）合同当事人的法律地位平等。当事人在合同关系中的法律地位是平等的，是平等的民事主体。当事人之间应平等协商订立合同，任何一方不得将自己的意志强加给另一方。

2）自愿原则。当事人依法享有自愿订立合同的权利，任何单位和个人不得非法干预。

3）公平原则。当事人应当遵循公平的原则，确定各方的权利和义务。当事人之间要互利，不得损害对方利益。

4）诚实信用原则。当事人行使权利、履行义务，除了应遵守法律、行政法规的规定外，还应当遵循诚实信用原则。诚信原则是道德观念的法制化。

2. 合同的订立程序

当事人订立合同采取要约、承诺方式。

(1) 要约

要约，是指希望与他人订立合同的意思表示。

1）要约必须具备的三个条件

①要约首先要约人要表示订立某种合同的意思。

②要约的内容必须明确、具体、肯定，即应该在要约中明确提出准备与对方签订合同的主要条件，以便受要约人确切知道要约的内容。一旦受要约人表示接受，双方当事人就可以准备订立合同。

③要约必须传递给受要约人或其代理人，否则要约就没有法律效力。口头要约在对方了解其内容时发生法律效力；书面要约一般在送达对方或其代理人时发生法律效力。

采用数据电文形式订立合同，收件人指定特定系统接收电文的，该数据电文进入该特定系统的时间，视为到达时间；未指定特定系统的，该数据电文进入收件人的任何系统的首次时间，视为到达时间。

要约可以撤回，但撤回要约的通知应当在要约到达受要约人之前或者与要约同时到达受要约人。

2）要约的法律后果。要约的法律后果，主要是要约人在要约有效期限内受要约的拘束，具体表现为：

①要约中规定对方必须在一定时间内同意签订合同的，则在此期限要约人不得撤销或者变更要约的内容。

②要约人确定了承诺期限或者以其他形式明示要约不可撤销。

③受要约人有理由认为要约是不可撤销的，并已经为履行合同作了准备工作。

要约人负有与接受要约的对方订立合同的义务。要约在有效期内，受要约人一经接受，合同就此成立。

3）要约的失效。我国合同法规定有下列情形之一的，要约失效。

①拒绝要约的通知到达要约人。

②要约人依法撤销要约。

③承诺期限届满，受要约人未作出承诺。

④受要约人对要约的内容作出实质性变更。

(2) 承诺

承诺，是指受要约人明确同意要约的意思表示，即接受提议。承诺也是一种意思表示，承诺人对要约表示同意后，合同即告成立。

1) 承诺有效成立的必备条件

①承诺的内容应当与要约的内容一致。受要约人对要约的内容作出实质性改变的（这是指有关合同的标的、数量、质量、价款或者报酬、履行期限、履行地点和方式、违约责任和解决争议方法等的变更），应认为是拒绝原要约而提出新要约。

新要约提出后，原要约人变成了接受新要约的人，而原承诺人成为新的要约人。只有原要约人同意新的要约，合同才能成立。

②承诺必须由接受要约的人或其合法代表或合法代理人向要约人表示。否则，由第三人所表示的承诺，仍不能成立合同。

③承诺必须在要约确定的期限内到达要约人，否则认为不接受。要约以信件或者电报作出的，承诺期限自信件载明的日期或者电报交发之日开始计算。信件未载明日期的，自投寄该信件的邮戳日期开始计算。要约以电话、传真等快速通信方式作出的，承诺期限自要约到达受要约人时开始计算。承诺通知到达要约人时生效。采用数据电文形式订立合同的，承诺到达的时间适用要约采用数据电文形式的规定。

要约没有确定承诺期限的，承诺应当依照下列规定到达：

① 要约以对话方式作出的，应当及时作出承诺，但当事人另有约定的除外，比如，受要约人提出 2 天内答复，要约人同意；

② 要约以非对话方式作出的，承诺应当在合理期限内到达，否则认为不接受。

要约人限定承诺应以传真回答，受要约人如以电报答复，则不产生承诺的效力；如要约人仅希望以传真答复，则受要约人可以其他方法答复。要约人未规定以何种方法回答的，则按商业习惯。

受要约人接到要约后并不是必须承担承诺的义务，他可以承诺也可以不承诺。除法律另有规定外，也没有通知要约人的义务。

2) 承诺的方式。我国合同法规定，承诺应当以通知的方式作出，但根据交易习惯或者要约表明可以通过行为作出承诺的除外。

承诺可以分为以下五种方式：

①到达承诺，又称届期承诺。承诺人在承诺期限内发出承诺，要约人也是在此期限内收到了该承诺，合同即告成立。受要约人如超过承诺期限发出承诺的，除要约人及时通知受要约人该承诺有效以外，视为新要约。

②迟到承诺。以书面形式作出的承诺，通常可以在指定的期限或者合理期限内到达要约人，但因邮电传递等方面的原因，承诺到达要约人超过承诺期限的，要约人应立即向承诺人声明承诺迟到，否则认为该承诺有效而合同成立。迟到的承诺经要约人声明后，视为新要约，需经原要约人承诺后合同才能成立。

③推定承诺。即根据交易习惯或者要约的要求作出承诺行为时生效。

④默示承诺。要约中如明确指出对方不答复，则认为已接受。因此，承诺人的默示，有时也是承诺的一种表示形式。

⑤法定程序认定的承诺。根据法律规定或当事人的约定，合同必须经过一定的程序，如公证、鉴证、主管机关批准等，当这个程序完成后，合同才能成立。

3）承诺的撤回。我国合同法规定，承诺可以撤回。撤回承诺的通知应当在承诺通知到达要约人之前或者与承诺通知同时到达要约人。这是适用于承诺需要通知的情况下。如果承诺是采用对话方式作出或是承诺是通过行为方式作出的，就不可能存在撤回承诺的问题。

承诺只可能撤回，而不可能撤销，因为承诺一经生效，合同即告成立。对于已经成立的合同，一方当事人无权撤销。

4）合同的成立。承诺生效时合同成立。

当事人采用信件、数据电文等形式订立合同的，可以在合同成立之前要求签订确认书，签订确认书时合同成立。所谓确认书，是指当事人在订立合同过程中，当双方就合同的内容进行磋商并将要取得一致意见时，一方当事人要求对方当事人以确认书的形式对合同条款予以最终认可。确认书实际上也就是受要约人以书面形式作出的承诺，一经到达要约人并生效，合同即告成立。

承诺生效的地点为合同成立的地点。

当事人采用合同书形式订立合同的，自双方当事人签字或者盖章时合同成立，并以签字或盖章的地点为合同成立的地点。

采用数据电文形式订立合同的，收件人的主营业地为合同成立的地点；没有主营业地的，其经常居住地为合同成立的地点。当事人另有约定的，按照其约定。

3. 合同的形式和主要条款

(1) 合同的形式

合同的形式，是指当事人之间订立合同内容的方式，也就是明确当事人权利义务的方式。我国合同法规定：当事人订立合同，有书面形式、口头形式和其他形式。

1) 书面形式。书面形式，是指以文字方式表述当事人之间所订合同内容的形式。书面形式有合同书、信件和数据电文（包括电报、电传、传真、电子数据交换和电子邮件）等可以有形地表现所载内容的形式。采用书面形式订立合同的优点是有据可查，发生纠纷时举证方便，也便于人民法院或仲裁机构依法审判或者裁决。

2) 口头形式。口头形式，是指当事人用谈话方式所订立的合同，如当面交谈、电话联络等。其优点是简单、方便、迅速，在日常生活中大量被采用；其缺点是发生争议时很难举证，人民法院或仲裁机构也不易分清当事人之间的责任。一般说来，法人之间签订的合同、不能立即履行的合同，不应采用口头形式。

3) 其他形式。其他形式，是指除书面形式、口头形式以外的方式来表现合同内容的形式。其他形式一般包括推定和默示进行意思表示。如供应合同期满以后，供方仍继续供应产品，需方也接受，可推定双方已经取得关于延长原有合同期的协议。

(2) 合同的主要条款

合同的内容是确定当事人的权利和义务，订立合同的过程，就是当事人对合同的主要条款达成协议的过程。合同的内容由当事人约定。合同的主要条款决定合同是否合法，有效无效，能否履行。我国合同法对合同的主要条款作了规定：

1) 当事人的名称或者姓名和住所。

2) 标的，是指合同当事人之间权利义务所指向的对象，也就是合同法律关系的客体。合同的标的必须明确、具体、肯定。

3) 数量，是指以数字方式和计量单位方式对合同标的进行具体的确定。

4）质量，是指表示合同标的内在素质和外观形象的优劣状态。

5）价款或者报酬，又称价金，是指当事人一方履行义务时，另一方当事人以货币形式支付的代价。

6）履行期限、地点和方式。

7）违约责任，是指合同当事人不履行或者不完全履行合同约定的义务所引起的法律后果，即应当承担的法律责任。

8）解决争议的方法，是指当事人之间在履行合同过程中发生争议后，通过什么样的办法来处理这一争议。

4. 订立合同的基本原则

当事人之间订立合同，是产生一定社会后果的法律行为。在我国，任何法人、其他组织或公民在签订合同时，都应当遵循以下的基本原则：

（1）签订合同的双方当事人必须具有合法的资格，即具有签订合同的权利能力和行为能力。签订合同前，双方当事人应各自审查对方有无签订合同的资格，以防受骗。

（2）要审查当事人各自的资信和履约能力。资信即资金和信用；履约能力是指当事人除资信外的技术的生产能力、原材料、能源供应、产品产量、质量、工艺流程等方面的综合情况。只有对当事人的资信及履约能力充分了解后，在此基础上签订合同，才有可靠的履约保障。所以无论与国内或国外的公司签约，事先必须认真做好调查。

（3）签订合同必须遵守国家的法律及行政法规，符合国家政策的要求。只有双方当事人的行为合法，才能产生预期的法律效果，受到法律的保护。

（4）双方当事人法律地位平等的原则，是民事法律关系的基本原则。因此，合同关系的成立，以当事人双方在平等的地位上经过协商一致为根本条件。

（5）等价有偿的原则。合同是商品经济的产物，商品的等价交换原则在合同关系中表现为等价有偿的原则。当事人在签订合同时，应当认真贯彻这个原则，以便更好地实现公平合理的交换和协作。公平合理必须兼顾国家、集体、公民个人的利益，不能损害社会公共利益和任何第三人的利益。

5. 合同的效力

（1）合同生效

合同生效，是指依法成立的合同，自成立时产生法律上的约束力。合同一经生效，合同当事人即享有合同中所约定的权利和承担合同中所约定的义务，任何单位和个人都不得对合同当事人进行非法干涉。享受权利的一方的“权利”受法律保护，承担义务的一方的“义务”必须履行。应履行义务的一方如果不履行义务，应承担违约的法律后果。

比如，根据合同法规定，法律、行政法规规定应当办理批准、登记等手续后才生效的，则合同自批准、登记手续办理完毕之后生效；附生效条件的合同，自条件成立时生效；附生效期限的合同，自期限届至时生效。附终止期限的合同，自期限届满时失效。

（2）无效合同

无效合同，是指没有法律效力，不被法律承认和保护的合同。无效合同自成立时就不具有法律约束力。无效合同应从以下几个方面确认：

1）合同主体资格不合格者订立的合同

①不具备法人资格的社会团体和组织以法人名义订立的合同。

②未经核准登记领取营业执照的经济组织和个体工商户以其名义订立的合同。

③超越主管机关批准的经营范围或违反经营方式所签订的合同。

④不具有相应的民事权利能力和民事行为能力的当事人订立的合同。

2）无代理权的人订立的合同。行为人没有代理权、超越代理权或者代理权终止后以被代理人名义订立的合同，未经被代理人追认，对被代理人不发生效力，由行为人承担责任。

3）单位代表越权订立的合同。法人或者其他组织的法定代表人、负责人超越权限订立的合同，除相对人知道或者应当知道其超越权限的以外，该代表行为视为有效。

4）无处分权的人处分他人财产的合同。无处分权的人处分他人财产，经权利人追认或者无处分权的人订立合同后取得处分权的，该合同有效。

5）内容不合法的合同。合同法规定，有下列情形之一的，合同无效：

①一方以欺诈、胁迫的手段订立合同，损害国家利益。这是由于违反了合同订立时的“合意”及“诚实信用”原则。

②恶意串通，损害国家、集体或者第三人利益。

③以合法形式掩盖非法目的的。

④损害社会公共利益。这是指违反公共秩序和善良风俗，也将其列入无效合同事由之列。

⑤违反法律、行政法规的强制性规定。

合同法规定，合同中的下列免责条款无效：造成对方人身伤害的；因故意或者重大过失造成对方财产损失的。

这种免责条款是违反“公平原则”，往往使占据有利地位的一方将自己的意志强加于他人。这一规定仅是指条款无效，并不影响合同其他条款的效力，不能因该条款无效而否定其他条款的效力。

（3）可变更或可撤销的合同

1）下列合同，当事人一方有权请求人民法院或者仲裁机构变更或者撤销：

①因重大误解订立的。

②在订立合同时显失公平的。

另外，一方以欺诈、胁迫的手段或者乘人之危，使对方在违背真实意思的情况下订立的合同，受损害方有权请求人民法院或者仲裁机构变更或者撤销。当事人请求变更的，人民法院或者仲裁机构不得撤销。

2）有下列情形之一的，撤销权消灭：

①具有撤销权的当事人自知道或者应当知道撤销事由之日起 1 年内没有行使撤销权。

②具有撤销权的当事人知道撤销事由后明确表示或者以自己的行为放弃撤销权。

变更或撤销合同属于法院或者仲裁机构的职权，其他机关行使这项权力不具有法律效力。

3）无效或被撤销合同的处理。无效或者被撤销的合同，从订立时起，就没有法律约束力。合同部分无效，无效部分不影响其余部分效力的，其余部分仍然有效。合同被确认无效、被撤销或者终止的，不影响合同中独立存在的有关解决争议方法的条款的效力。这是指双方当事人对合同是否成立，合同成立的时间、合同内容的解释、合同的履行、违约的责任等发生的争议解决的方法，包括：协商解决、调解解决、司法解决和仲裁解决等。合同中有关解决争议的方法的条款具有独立性，该条款不因合同无效、被撤销或者终止而影响它的效力。如果发生合同无效、被撤销或者终止的问题，合同中又订有解决争议的方法，该方法也随之无效，被撤销或者终止出现争议问题，双方当事人就没有解决争议的基础，无法解决争议。

合同无效或被撤销后，尚未履行的，不得履行；正在履行的，应当立即终止履行。对于合同无效或被撤销造成的财产后果，应当根据当事人的过错大小，用以下三种办法处理：

①返还财产。这是使当事人的财产关系恢复到合同签订以前的状态。

②赔偿损失。这是过错方给对方造成损失时，应当承担的责任。

③追缴财产。当事人恶意串通，损害国家、集体或者第三人利益而取得的财产收归国家所有或者返还集体、第三人。

6. 合同的履行

(1) 合同履行的原则

合同订立后，当事人应当按照约定全面履行自己的义务。当事人应当遵循诚实信用原则，根据合同的性质、目的和交易习惯履行通知、协助、保密等义务。

合同生效后，当事人就质量、价款或者报酬、履行地点等内容没有约定或者约定不明确的，可以协议补充；不能达成补充协议的，按照合同有关条款或者交易习惯确定。

(2) 合同约定不明时的履行规定

当事人就有关合同内容不明确，经协商或按照合同有关条款或交易习惯仍不能明确的，则适用下列规定。

1) 质量要求不明确的，按照国家标准，没有国家标准有行业标准的，按行业标准履行；没有国家标准、行业标准的，按照通常标准或者符合合同目的的特定标准履行。

2) 价款或者报酬不明确的，按照订立合同时履行地的市场价格履行；依法应当执行政府定价或者政府指导价的，按照规定履行。执行政府定价或者政府指导价的，在合同约定的交付期限内政府价格调整时，按照交付时的价格计价。逾期交付标的物的，遇价格上涨时，按照原价格执行；价格下降时，按照新价格执行。逾期提取标的物或者逾期付款的，遇价格上涨时，按照新价格执行；价格下降时，按照原价格执行。

3) 履行地点不明确，给付货币的，在接受货币一方所在地履行；交付不动产的，在不动产所在地履行；其他标的，在履行义务一方所在地履行。

4）履行期限不明确的，债务人可以随时履行，债权人也可以随时要求履行，但应当给对方必要的准备时间。比如，订购家具要给制作人必要的生产时间、运输时间等。

5）履行方式不明确的，按照有利于实现合同目的的方式履行。履行方式，是指采取什么方法来实现合同所规定的双方当事人的义务。

6）履行费用的负担不明确的，由履行义务一方负担。

（3）合同履行中的抗辩权

抗辩权是阻止对方当事人请求权的对抗权。履行抗辩权的设置，使当事人在法定情况下可以对抗对方的请求权使当事人的拒绝履行行为不构成违约，可以更好地维护当事人的合法权益。双务合同中的抗辩权包括以下三种：

1）同时履行抗辩权。是指双务合同中的当事人应同时履行义务的，一方在对方未履行前有拒绝对方请求自己履行合同的权利。合同法规定，当事人互负债务，没有先后履行顺序的，应当同时履行。一方在对方履行之前有权拒绝其履行要求。一方在对方履行债务不符合约定时，有权拒绝其相应的履行请求。这是对一手交钱一手交货这一古老交易原则的确认和发展。

2）后履行抗辩权。后履行抗辩权是指在双务合同中应当先履行的一方当事人未履行或者不适当履行，到履行期限的对方当事人享有不履行或者部分履行的权利。合同法规定，当事人互负债务，有先后履行顺序的，先履行一方未履行的，后履行一方有权拒绝其相应的履行要求。先履行一方履行债务不符合约定的，后履行一方有权拒绝其相应的履行要求。

3）不安抗辩权。不安抗辩权又称先履行抗辩权，是指双务合同成立后，应当先履行债务的当事人有确切证据证明对方不能履行义务，或者有不能履行合同义务的可能时，在对方没有履行或者提供担保之前，有权中止履行合同义务。

合同法规定，应当先履行债务的当事人，有确切证据证明对方有下列情形之一的，可以中止履行：

①经营状况严重恶化。

②转移财产、抽逃资金，以逃避债务。

③丧失商业信誉。

④有丧失或者可能丧失履行债务能力的其他情形。

当事人没有确切证据中止履行的，应当承担违约责任。

当事人按照上述规定中止履行的，应及时通知对方。对方提供适当担保时，应当恢复履行。中止履行后，对方在合理期限内未恢复履行能力并且未提供适当担保的，中止履行的一方可以解除合同。

（4）合同的保全

合同保全，是指法律为防止因债务人的财产不当减少而给债权人的债权带来危害，允许债权人对债务人或第三人的行为行使代位权或撤销权，以保护其债权。

1）代位权。代位权是指债务人怠于行使其对第三人享有的权利而有害于债权人的债权时，债权人为保全自己的债权，以自己的名义代位向第三人行使债务人现有债权的权利。

债权人行使代位权，并非直接向第三人行使，必须经过人民法院行使。

债权人代位行使债务人的债权，债务人对第三人的债权必须是非专属于债务人自身权利，比如，债务人自身享受的劳保福利或退休金等权利。代位权的行使范围以债权人的债权为限。债权人行使代位权的必要费用，由债务人负担。

2）撤销权。撤销权是指当债务人放弃其到期债权或者无偿转让财产，对债权人造成损害的，债权人可以依法请求人民法院撤销债务人所实施的行为。

撤销权的行使范围以债权人的债权为限，债权人行使撤销权的必要费用，由债务人负担。

合同法规定撤销权的时效为撤销权自债权人知道或者应当知道撤销事由之日起1年内行使。自债务人的行为发生之日起5年内没有行使撤销权的，该撤销权消灭。这5年是指自债务人的行为发生日起，在5年内不论债权人知道或应当知道可以行使撤销权而没有行使，该撤销权消灭。

7. 合同的变更、转让和终止

（1）合同的变更、转让和权利义务终止

合同的变更，是指合同成立后、履行完毕前由双方当事人依法对原合同的内容所进行的修改。

当事人协商一致可以变更合同。法律、行政法规规定变更合同应当办理批准、登记等手续的，依照其规定。当事人对合同变更的内容约定不明确的，推定为未变更合同。

合同的变更是指合同的重大变更。在程序上同订立合同的要求相同，即要约与承诺。变更合同的协议，应采用书面形式。

当事人一方要求变更合同时，在新的协议未达成以前，原合同仍然有效。

（2）合同的转让

合同的转让，是指一方当事人将合同的权利和义务全部或者部分转让给第三方。合同的转让只是合同主体的变更，而不改变合同的权利与义务。债权人可以将合同的权利全部或者部分转让给第三人，但有下列情形之一的除外：

1）根据合同性质不得转让的。

2）按照当事人约定不得转让的。

3）依照法律规定不得转让的。

法律、行政法规规定转让权利或者转移义务应当办理批准、登记等手续的，依照其规定。比如，法律及行政法规规定应当由某主管机关批准成立的合同，其权利与义务的转让，应当经原批准机关批准。

当事人订立合同后合并的，由合并后的法人或者其他组织行使合同权利，履行合同义务。当事人订立合同后分立的，除债权人和债务人另有约定的以外，由分立的法人或者其他组织对合同的权利和义务享有连带债权，承担连带债务。

（3）合同的终止

1）合同终止的原因。合同的终止，是指合同当事人终止合同关系，合同中确定的权利义务关系消灭。

合同法规定，合同的权利义务有下列情形之一的即行终止：

①债务已经按照约定履行。

②合同解除。

③债务相互抵消。

④债务人依法将标的物提存。

⑤债权人免除债务。

⑥债权债务同归于一人。

⑦法律规定或者当事人约定终止的其他情形。

合同的权利义务终止后，当事人应当遵循诚实信用原则，在必要时根据交易习惯履行通知、协助、保密等义务。比如，技术开发合同终止后，开发方如接触到有关保密技术，则应遵循诚实信用原则，有继续履行保密的义务。

2）合同的解除。合同解除，是指合同有效成立后，因发生法律规定或者当事人约定的情况，或经当事人协商一致，而使合同关系终止。

合同法规定，有下列情形之一的，当事人可以解除合同：

①因不可抗力致使不能实现合同目的。

②在履行期限届满之前，当事人一方明确表示或者以自己的行为表明不履行主要债务。

③当事人一方延迟履行主要债务，经催告后在合理期限内仍未履行。

④当事人一方延迟履行债务或者有其他违约行为致使不能实现合同目的。

⑤法律规定的其他情形。

法律规定或者当事人约定解除权行使期限，期限届满当事人不行使的，该权利消灭。法律没有规定或者当事人没有约定解除权行使期限，经对方催告后在合理期限内不行使的，该权利消灭。

法律、行政法规规定解除合同应当办理批准、登记等手续的，依照其规定。

合同解除后，尚未履行的，终止履行；已经履行的，根据履行情况和合同性质，当事人可以要求恢复原状，采取其他补救措施，并有权要求赔偿损失。

8. 违约责任

(1) 违约责任的概念

违约责任，是指合同当事人违反合同的约定所应当承担的法律责任。违约责任是一种民事责任，主要表现为财产责任。合同法规定当事人一方不履行合同义务或者履行义务不符合约定的，应当承担继续履行、采取补救措施或者赔偿损失等违约责任。当事人双方都违反合同的，应当各自承担相应的责任。当事人一方因第三人的原由造成违约的，应当向对方承担违约责任，当事人一方和第三人之间的纠纷，依照法律规定或按约定解决。

（2）承担违约责任的方式

根据合同法，承担违约责任的方式主要有：继续履行、采取补救措施、要求赔偿、支付约定的违约金。

1）继续履行。继续履行又称实际履行、强制实际履行，是指债权人在债务人不履行合同义务时，可请求人民法院或仲裁机构强制债务人实际履行合同。合同法规定，当事人一方未支付价款或者报酬的，对方可以请求其支付价款或者报酬；当事人一方不履行非金钱债务，或者履行非金钱债务不符合约定的，对方可以请求履行。

①债务人无正当理由拒不履行合同，债权人可以要求其履行。

②债务人不适当履行合同，债权人可以请求实际履行。

2）采取补救措施。债务人在履行合同有某些不适当或者不能履行合同的情况下，可以采取补救措施，实现合同目的。合同法规定，质量不符合约定的，应当按照当事人约定承担违约责任。对违约责任没有约定或者约定不明确，经协议不能达成补充协议的，也没有合同有关条款或者交易习惯能确定的，受损害方根据标的的性质以及损失的大小，可以合理选择要求对方承担修理、更换、重作、退货、减少价款或者报酬等违约责任。

3）赔偿损失。当事人一方不履行合同义务或者履行合同义务不符合约定的，在履行义务或者采取补救措施后，对方还有其他损失的，应当赔偿损失。

经营者对消费者提供商品或者服务有欺诈行为的，依照《中华人民共和国消费者权益保护法》的规定承担赔偿责任，即可以按实际损失额的1倍予以赔偿。

当事人一方违约后，对方应当采取适当措施防止损失的扩大；没有采取适当措施致使损失扩大的，不得就扩大的损失要求赔偿。

4）违约金。违约金是指由当事人通过协商预先确定或者法律直接规定的，在违约后生效的独立于履行行为以外的给付。合同法规定，当事人可以约定一方违约时应当根据违约情况向对方支付一定数额的违约金，也可以约定因违约产生的损失赔偿额的计算方法。违约金数额是预先确定的，这有利于在违约发生时简便迅速地对损失进行赔偿。违约金责任不以实际损失为条件，如果当事人约定或法律规定了违约金，只要当事人违约，就应当支付相应的违约金，不论有无实际损失。

约定的违约金低于造成的损失的，当事人可以请求人民法院或者仲裁机构予以增加；预定的违约金过分高于造成的损失的，当事人可以请求人民法院或者仲裁机构予以适当减少。

当事人延迟履行约定违约金的，违约方支付违约金后，还应当履行债务。

三、建筑法相关知识

1.《建筑法》的概念及立法宗旨

建筑法是指国家权力机关或其授权的行政机关制定的，旨在调整国家及其有关主体在建筑活动中所发生的社会关系的法律规范。其宗旨是为了加强对建筑活动的监督管理，维护建筑市场秩序，保证建筑工程的质量和安全，促进建筑业健康发展。我国于 1997 年 11 月 1 日颁布了《中华人民共和国建筑法》（以下简称《建筑法》），并于 1998 年 3 月 1 日起施行。本法共 8 章 85 条。8 章内容分别为总则、建筑许可、建筑工程发包与承包、建筑工程监理、建筑安全生产管理、建筑工程质量管理、法律责任及附则。

2.《建筑法》的基本原则

《建筑法》以遵循市场经济规律，法制统一和责、权、利一致为前提，在总则中确定其基本原则是国家扶持建筑业的发展，支持建筑科学技术研究，提高房屋建筑设计水平，鼓励节约能源和保护环境，提倡采用先进技术、先进设备、先进工艺、新型建筑材料和现代管理方式，即规范产业发展为基本原则。所有在中华人民共和国境内从事建筑活动的主体都应当遵守该法。《建筑法》的实施对我国工程建设领域迅速走向法制轨道起了重要作用。

3.《建筑法》相关内容介绍

《建筑法》对建设主体的建筑行为从建筑许可、建筑工程的发包与承包、建筑工程监理、建筑安全生产管理、建筑工程质量管理及法律责任等方面进行了原则性规定，简要介绍如下：

（1）建筑许可制度

建筑许可制度包括对建筑工程施工许可制度和从业企业、从业人员的资质、资格审查管理制度两部分。

1）施工许可证制度。实行建筑工程施工许可证制度，是建设行政主管部门对建筑活动进行监督管理的重要手段。根据这一制度，《建筑法》对建设单位明确作出规定，新建、扩建、改建的建筑工程开工前应当向工程所在地申请领取建筑工程施工许可证，国务院有关专业部门（指工业、交通等部门）直接管理的本专业建筑工程，开工前应当向有关专业部门申请领取施工许可证，并向工程所在地县级以上人民政府建设行政主管部门备案。

现阶段我国工程建设执业资格制度是单位执业资质和个人执业资格并存的模式。应依《行政许可法》由国家统一确定，包括从业单位资质审查制度、从事建筑活动人员与注册管理制度。

2）从业单位资质审查制度。国家对从事建筑活动的单位实行资质审查制度。从事建筑活动的建筑施工企业、勘察单位、设计单位、工程咨询单位、工程监理单位，应当具备下列条件：

①有符合国家规定的注册资本。

②有与其从事的建筑活动相适应的具有法定执业资格的专业技术人员。

③有从事相关建筑活动所应有的技术装备。

④法律、行政法规规定的其他条件。

上述各类单位在向工商行政管理部门申请登记以前，都必须经建设行政主管部门或者有关专业部门进行资质审查并达到合格标准。

3）从事建筑活动人员与注册管理制度。从事建筑活动人员的注册制度包括注册建筑师、注册结构师、注册建造师、注册监理师、注册造价师、注册岩土工程师制度等。

（2）建筑工程发包与承包

《建筑法》在建筑工程发包与承包中主要分一般规定、发包、承包三部分。发包与承包应依法订立书面合同，全面履行合同约定的义务，在招标、投标活动中应遵循公开、公正、公平的原则，禁止不正当竞争行为，发包方应及时拨付工程款项等。

（3）建筑工程监理

《建筑法》明确规定：国家推行建筑工程监理制度。

工程建设监理是指针对工程项目建设，社会化、专业化的工程建设监理单位接受业主的委托和授权，根据国家批准的工程项目建设文件，有关工程建设的法律、法规和工程建设监理合同以及其他工程建设合同所进行的旨在实现项目投资目的的微观监督管理活动。建设工程监理一共有五层意思：工程建设监理是针对工程项目建设所实施的监督管理活动；监理的行为主体是监理单位；监理的实施需要业主委托和授权；监理是有明确依据的工程建设行为；监理是微观性质的监督管理活动。包括《建筑法》对建设监理单位及人员的资质管理，建设监理依据及工作内容都有原则性规定。

1）建设监理单位资质管理。建设监理单位是指取得监理资质证书，具有法人资格的监理公司、监理事务所和兼承监理业务的工程设计、科学研究及工程建设咨询的单位。建设监理单位资质是指从事监理业务应当具备的人员素质、资金数量、专业技能、管理水平及监理业绩等。其资质管理即是指确定建设监理单位的设立、定级、升级、变更、终止等资质审查、批准活动及其证书管理、监理业务承接与执行过程中的有关管理工作。

国务院建设行政主管部门归口管理全国建设监理单位（包括中外合营、中外合作建设监理单位）的资质；省、自治区、直辖市人民政府建设主管部门负责管理本行政区域地方建设监理单位的资质；国务院工业、交通等部门管理本部门直属建设监理单位的资质。

2）注册监理工程师制度。监理工程师是指经过全国统一考试合格并经注册取得“监理工程师岗位证书”的工程建设管理人员。监理工程师按专业设置岗位，它并非是终身职务，只有在监理单位工作、从事工程建设监理的工作者才可能成为监理工程师。获得这一资格的人必须是已取得我国专业技术中级以上（含中级）职称的专业人员。因此，我国的监理工程师必须同时具备三个条件：一是应在建设岗位上工作；二是经过全国统一考试合格取得资格；三是应经过注册取得“监理工程师岗位证书”。三者缺一不可。

3）建设监理依据及工作内容

①建设监理依据。根据《建筑法》和《建设工程质量管理条例》等规定，建设监理的依据有：国家法律、行政法规，国家现行的技术规范、技术标准，建设文件、设计文件和设计图样，依法签订的各类工程合同文件等。

②工程建设监理的内容。工程建设监理的工作任务是“三控两管一协调”，即质量控制、投资控制、工期控制、合同管理、信息管理、组织协调，而三控又是监理工作的中心任务，围绕这个任务，其监理的主要业务内容有：立项阶段的监理；设计阶段的监理；施工招标阶段的监理；材料物资采购供应；施工阶段的监理；合同管理的监理。

建设监理各阶段应以合同方式明确各方权利、义务和责任。

（4）建筑安全生产管理

建筑安全生产管理主要指建设行政主管部门和工程建设各方的建筑安全生产管理。

1）建设工程安全的责任制度。建设工程安全生产管理必须坚持“安全第一，预防为主”的方针，建立健全安全生产责任制和群防群治制度。建筑企业要加强安全生产的领导，尊重科学，严格管理，应当逐级建立安全责任制度。

①企业经理（厂长）和主管生产的副经理（副厂长）对本企业的劳动保护和安全生产负总的责任。

②企业总工程师（技术负责人）对本企业劳动保护和安全生产的技术工作负总的责任。

③项目经理、施工队长、车间主任应对本单位劳动保护和安全生产工作负具体领导责任。

④工长、施工员对所管工程的安全生产负直接责任。

⑤企业中的生产、技术、材料供应等各职能机构，都应在各自业务范围内，对实现安全生产的要求负责。

企业应根据实际情况，建立安全机构，并按照职工总数配备相应的专职人员，负责安全管理工作和安全监督检查工作。

2）建设工程安全的教育制度。

3）建设工程安全的检查、监督制度。

4）建设工程安全的劳动保护制度。

5）施工现场安全保障制度。

6）工程建设重大事故调查处理制度。

（5）建筑工程质量管理

主要包括政府对建筑工程质量管理和工程建设各方对建筑工程质量管理。

建设工程质量与安全生产管理一直是国家工程建设管理的重要内容，现行的主要法律有《中华人民共和国建筑法》，以及国务院发布施行的《建设工程质量管理条例》《建设工程安全生产管理条例》，后两者是《建筑法》的配套法规之一，对建设行为主体的有关责任和义务作出了十分明确的规定。

建筑工程未经验收或者验收不合格的，不得交付使用，经竣工验收合格后，方可交付使用；建筑工程实行竣工验收备案制度，建设单位应当自竣工验收合格之日起 15 日内向建设行政主管部门报送竣工验收报告及有关资料或文件。建筑工程实行质量保修制度。保修的期限应当按照保证建筑物合理寿命年限内正常使用、维护使用者合法权益的原则确定。

1）建设工程质量概念。建设工程质量是指在国家现行的有关法律、法规、技术标准、设计文件及工程合同中对工程的安全、适用、经济、美观等特性的综合要求。合同条件中对工程项目的功能、使用价值及设计、施工质量等的明确规定都是业主的“需要”，因而都是质量的内容。建设工程质量应包括工程建设决策、设计、施工、回访保修各个阶段的质量及其相应的工作质量。

建设工程质量具有影响因素多、质量波动大、质量变动大、质量变异性和终检局限大等特点。

2）建设工程质量管理体系。建设工程质量的优劣直接关系到国民经济的发展和人民生命的安全。我国建立了对建设工程质量进行管理的体系，它包括宏观管理和微观管理两个方面。

宏观管理是国家对建设工程质量所进行的监督管理，它具体由建设行政主管部门及其授权机构实施，是外部、纵向的控制。

微观管理包括两个方面，一是工程承包单位，如勘察单位、设计单位、施工单位自己对所承担工作的质量管理，是内部的、自身的控制。二是建设单位委托社会监理机构对工程建设的质量进行监理，是外部的、横向的控制。其目的在于保证工程项目能够按合同规定的质量要求达到业主的建设意图，取得良好的投资效益。

（6）违反《建筑法》的法律责任

工程建设活动涉及人民的生命和财产的安全，涉及环境保护、城市规划、土地利用等诸多公众利益。如果不确定一套规则和标准，那么工程建设不但不能造福于社会和人民，反而将危害自己，危害他人，给社会生产和公众生活造成不良影响。从事建筑活动应当遵守法律、法规，不得损害社会公共利益和他人的合法权益，任何单位和个人都不得妨碍和阻挠依法进行的建筑活动。长期以来，由于法制不健全，违反基本建设程序实施工程、不按城市规划要求违章建筑、在施工过程中不遵守规范和标准、偷工减料、以次充好等现象屡见不鲜，造成重大工程事故时有发生，而且，查处一批，又出一批，屡办屡犯。为此，我国《建筑法》和《建设工程质量管理条例》等法律、法规对工程建设各方违反法律制度后的处罚作了明确规定，它对规范我国工程建设各方行为、整顿建筑市场起到了十分重要的作用。

第二节 相关标准规范

一、建设工程质量管理条例

1. 概述

《中华人民共和国建设工程质量管理条例》于 2000 年 1 月 10 日国务院第 25 次常务会议通过，2000 年 1 月 30 日中华人民共和国国务院令第 279 号发布。此条例共九章八十二条内容，内容包括总则、建设单位、勘察、设计单位、施工单位、工程监理单位的质量责任和义务、建设工程的质量保修和质量监督管理制度、罚则和附则。

2. 有关条款介绍

（1）施工单位的质量责任和义务

1）施工单位应当依法取得相应等级的资质证书，并在其资质等级许可的范围内承揽工程。

禁止施工单位超越本单位资质等级许可的业务范围或者以其他施工单位的名义承揽工程。禁止施工单位允许其他单位或者个人以本单位的名义承揽工程。

施工单位不得转包或者违法分包工程。

2）施工单位对建设工程的施工质量负责。

施工单位应当建立质量责任制，确定工程项目的项目经理、技术负责人和施工管理负责人。

建设工程实行总承包的，总承包单位应当对全部建设工程质量负责；建设工程勘察、设计、施工、设备采购的一项或者多项实行总承包的，总承包单位应当对其承包的建设工程或者采购的设备的质量负责。

3）总承包单位依法将建设工程分包给其他单位的，分包单位应当按照分包合同的约定对其分包工程的质量向总承包单位负责，总承包单位与分包单位对分包工程的质量承担连带责任。

4）施工单位必须按照工程设计图样和施工技术标准施工，不得擅自修改工程设计，不能偷工减料。

施工单位在施工过程中发现设计文件和图样有差错时，应当及时提出意见和建议。

5）施工单位必须按照工程设计要求、施工技术标准和合同约定，对建筑材料、建筑构配件、设备和商品混凝土进行检验，检验应当有书面记录和专人签字；未经检验或者检验不合格的，不得使用。

6）施工单位必须建立、健全施工质量的检验制度，严格工序管理，做好隐蔽工程的质量检查和记录。隐蔽工程在隐蔽前，施工单位应当通知建设单位和建设工程质量监督机构。

7）施工单位对施工中出现质量问题的建设工程或者竣工验收不合格的建设工程，应当负责返修。

8）施工单位应当建立、健全教育培训制度，加强对职工的教育培训；未经教育培训或者考核不合格的人员，不得上岗作业。

（2）建设工程质量保修

1）建设工程实行质量保修制度。建设工程承包单位在向建设单位提交工程竣工验收报告时，应当向建设单位出具质量保修书。质量保修书中应当明确建设工程的保修范围、保修期限和保修责任等。

2）建设工程在保修范围和保修期限内发生质量问题的，施工单位应当履行保修义务，并对造成的损失承担赔偿责任。

（3）罚则

1）违反本条例规定，施工单位在施工中偷工减料的，使用不合格的建筑材料、建筑构配件和设备的，或者有不按照工程设计图样或者施工技术标准施工的其他行为的，责令改正，处工程合同价款 2%以上 4%以下的罚款；造成建设工程质量不符合规定的质量标准的，负责返工、修理，并赔偿因此造成的损失；情节严重的，责令停业整顿，降低资质等级或者吊销资质证书。

2）违反本条例规定，施工单位不履行保修义务或者拖延履行保修义务的，责令改正，处10万元以上20万元以下的罚款，并对在保修期内因质量缺陷造成的损失承担赔偿责任。

3）建设单位、设计单位、施工单位、工程监理单位违反国家规定，降低工程质量标准，造成重大安全事故，构成犯罪的，对直接责任人员依法追究刑事责任。

二、建设工程施工质量验收统一标准

1. 概述

由建设部会同有关部门共同修订的《中华人民共和国建筑工程施工质量验收统一标准》经有关部门会审，批准为国家标准，编号为GB 50300—2001，自2002年1月1日起施行。该标准中的黑体字为强制性条文，必须严格执行。该标准规定了建筑工程各专业工程施工验收规范编制的统一准则和单位工程验收质量标准、内容和程序等，增加了建筑工程施工现场质量管理和质量控制要求、提出了检验批质量检验的抽样方案要求，规定了建筑工程施工质量验收中子单位和子分部工程的划分、涉及建筑工程安全和主要使用功能的见证取样及抽样检测。建筑工程各专业工程施工质量验收规范必须与本标准配合使用。

2. 基本规定

（1）施工现场质量管理应有相应的施工技术标准、健全的质量管理体系、施工质量检验制度和综合施工质量水平评定考核制度。

施工现场质量管理可按表6—1的要求进行检查记录。

（2）建筑工程应按下列规定进行施工质量控制

1）建筑工程采用的主要材料、半成品、成品、建筑构配件、器具和设备应进行现场验收。凡涉及安全、功能的有关产品，应按各专业工程质量验收规范规定进行复验，并应经监理工程师（建设单位技术负责人）检查认可。

2）各工序应按施工技术标准进行质量控制，每道工序完成后，应进行检查。

表 6—1　　　　**施工现场质量管理检查记录**　　　　开工日期：

工程名称			施工许可证（开工证）	
建设单位			项目负责人	
设计单位			项目负责人	
监理单位			总监理工程师	
施工单位		项目经理	项目技术负责人	
序号	项目		内容	
1	现场质量管理制度			
2	质量责任制			
3	主要专业工种操作上岗证书			
4	分包方资质与对分包单位的管理制度			
5	施工图审查情况			
6	地质勘察资料			
7	施工组织设计、施工方案及审批			
8	施工技术标准			
9	工程质量检验制度			
10	搅拌站及计量设置			
11	现场材料、设备存放与管理			
检查结论： 总监理工程师： （建设单位项目负责人）　　　　年　月　日				

3）相关各专业工种之间应进行交接检验，并形成记录。未经监理工程师（建设单位技术负责人）检查认可，不得进行下道工序施工。

（3）建筑工程施工质量应按下列要求进行验收

1）建筑工程质量应符合本标准和相关专业验收规范的规定。

2）建筑工程施工应符合工程勘察、设计文件的要求。

3）参加工程施工质量验收的各方人员应具备规定的资格。

4）工程质量的验收均应在施工单位自行检查评定的基础上进行。

5）隐蔽工程在隐蔽前应由施工单位通知有关单位进行验收，并应形成验收文件。

6）检验批的质量应按主控项目和一般项目验收。

7）工程的观感质量应由验收人员通过现场检查，并应共同确认。

三、建筑电气施工质量验收规范

《中华人民共和国建筑电气工程施工质量验收规范》由中华人民共和国建设部批准为国家标准，2002 年 4 月 1 日与中华人民共和国质量监督检验检疫总局联合发布，编号 GB 50303—2002，自 2002 年 6 月 1 日起施行。

本规范坚持“验评分离、强化验收、完善手段、过程控制”的指导原则，与《中华人民共和国建筑工程施工质量验收统一标准》GB 50300—2001 协调一致。规范中的强制性条文的强制性标准，是以保证工程安全、使用功能、人体健康、环境效益和公众利益为重点，对建筑电气工程施工质量做出控制和验收的规定。

1. 基本规定

（1）一般规定

1）建筑电气工程施工现场的质量管理，除应符合二、2.（1）条款的规定外，还应符合下列规定：

①安装电工、焊工、起重吊装工和电气调试人员等，按有关要求持证上岗。

②安装和调试用各类计量器具，应检定合格，使用时在有效期内。

2）接地（PE）或接零（PEN）支线必须单独与接地（PE）或接零（PEN）干线相连接，不得串联连接。

（2）主要设备、材料、成品和半成品进场验收

1）主要设备、材料、成品和半成品进场检验结论应有记录，确认符合本规范规定后才能在施工中应用。

2）依法定程序批准进入市场的新电气设备、器具和材料进场验收，除符合本规范规定外，还应提供安装、使用、维修和试验要求等技术文件。

3）电线、电缆应符合下列规定：

①按批查验合格证，合格证有生产许可证编号，按《额定电压 450/750 V 及以下聚氯乙烯绝缘电缆》GB 5023.1～5023.7 标准生产的产品有安全认证标志。

②外观检查：包装完好，抽检的电线绝缘层完整无损，厚度均匀。电缆无压扁、扭曲，铠装不松卷。耐热、阻燃的电线、电缆外护层有明

显标志和制造厂标。

③按制造标准，现场抽样检测绝缘层厚度和圆形线芯的直径；线芯直径误差不大于标称直径的1%；常用的BV型绝缘电线的绝缘层厚度不小于表6—2的规定。

表6—2　BV型绝缘电线的绝缘层厚度

序号	1	2	3	4	5	6	7
电线芯线标称截面积/mm^2	1.5	2.5	4	6	10	16	25
绝缘层厚度规定值/mm	0.7	0.8	0.8	0.8	1.0	1.0	1.2

4）导管应符合下列规定：

①按批查验合格证。

②外观检查：钢导管无压扁，内壁光滑。非镀锌钢导管无严重锈蚀，按制造标准油漆出厂的油漆完整；镀锌钢导管镀层覆盖完整，表面无锈斑；绝缘导管及配件不碎裂，表面有阻燃标记和制造厂标。

③按制造标准现场抽样检测导管的管径、壁厚及均匀度。对绝缘导管及配件的阻燃性能有异议时，按批抽样送有资质的试验室检测。

5）电缆桥架、线槽应符合下列规定：

①查验合格证。

②外观检查。部件齐全，表面光滑，不变形；钢制桥架涂层完整，无锈蚀；玻璃钢制桥架色泽均匀，无破损碎裂；铝合金桥架涂层完整，无扭曲变形，不压扁，表面不划伤。

6）电缆桥架安装和桥架内电缆敷设应按以下程序进行：

①测量定位，安装桥架的支架，经检查确认后才能安装桥架。

②桥架安装检查合格，才能敷设电缆。

③电缆敷设前绝缘测试合格，才能敷设。

④电缆电气交接试验合格，且对接线去向、相位和防火隔堵措施等检查确认，才能通电。

7）电线导管、电缆导管和线槽敷设应按以下程序进行：

①除埋入混凝土中的非镀锌钢导管外壁不做防腐处理外，其他场所的非镀锌钢导管内外壁均做防腐处理，经检查确认后才能配管。

②室外直埋导管的路径、沟槽深度、宽度及垫层处理经检查确认后，才能埋设导管。

③现浇混凝土板内配管在底层钢筋绑扎完成，上层钢筋未绑扎前敷设，且检查确认后，才能绑扎上层钢筋和浇捣混凝土。

④现浇混凝土墙体内的钢筋网片绑扎完成，门、窗等位置已放线，经检查确认后，才能在墙体内配管。

⑤被隐蔽的接线盒和导管在隐蔽前检查合格后，才能隐蔽。

⑥在梁、板、柱等部位明配管的导管套管、埋件、支架等检查合格后，才能配管。

⑦顶棚和墙面的喷浆、油漆或壁纸等基本完成后，才能敷设线槽、槽板。

8）电线、电缆穿管及线槽敷线应按以下程序进行：

①接地（PE）或接零（PEN）及其他焊接施工完成后，经检查确认，才能穿入电线或电缆以及线槽内敷线。

②与导管连接的柜、屏、台、箱、盘安装完成，管内积水及杂物清理干净，经检查确认，才能穿入电线、电缆。

③电缆穿管前绝缘测试合格后，才能穿入导管。

2. 电缆桥架安装和桥架内电缆敷设

（1）主控项目

1）金属电缆桥架和引入或引出的金属电缆导管必须接地（PE）或接零（PEN）可靠，且必须符合下列规定：

①金属电缆桥架及其支架全长应不少于 2 处与接地（PE）或接零（PEN）干线相连接。

②非镀锌电缆桥架间连接板的两端跨接铜芯地线，接地线最小允许截面积不小于 4 mm^2。

③镀锌电缆桥架间连接板的两端不跨接接地线，但连接板两端不少于 2 个有防松螺帽或防松垫圈的连接固定螺栓。

2）电缆敷设严禁有绞拧、铠装压扁、护层断裂和表面严重划伤等缺陷。

（2）一般项目

1）电缆桥架安装应符合下列规定：

①直线段钢制电缆架长度超过 30 m、铝合金或玻璃钢制电缆桥架长度超过 15 m 设有伸缩节；电缆桥架跨越建筑物变形缝处设置补偿装置。

②当设计无要求时，电缆桥架水平安装的支架间距为 1.5～3 m；垂直安装的支架间距不大于 2 m。

③桥架与支架间螺栓、桥架连接板螺栓固定紧固无遗漏，螺母位于桥架外侧；当铝合金桥架与钢支架固定时，有相互间绝缘的防电化腐蚀措施。

④电缆桥架敷设在易燃易爆气体管道和热力管道的下方，当设计无要求时，与管道的最小净距应符合表 6—3 的规定。

表 6—3　　与管道的最小净距　　m

管道类别		平行净距	交叉净距
一般工艺管道		0.4	0.3
易燃易爆气体管道		0.5	0.5
热力管道	有保温层	0.5	0.3
	无保温层	1.0	0.5

⑤敷设在竖井内和穿越不同防火区的桥架，按设计要求位置，有防火隔堵措施。

2）桥架内电缆敷设应符合下列规定：

①大于 45°倾斜敷设的电缆每隔 2 m 处设固定点。

②电缆出入电缆沟、竖井、建筑物、柜（盘）台处以及管子管口处等做密封处理。

③电缆敷设排列整齐，水平敷设的电缆，首尾两端、转弯两侧及每隔 5～10 m 处设固定点；敷设于垂直桥架内的电缆固定点间距，不大于表 6—4 的规定。

表 6—4　　电缆固定点的间距　　mm

电缆种类		固定点的间距
电力电缆	全塑型	1 000
	除全塑型外的电缆	1 500
控制电缆		1 000

3）电缆的首端、末端和分支处应设标志牌。

3. 电线导管、电缆导管和线槽敷设

（1）主控项目

1）金属的导管和线槽必须接地（PE）或接零（PEN）可靠，并符合下列规定：

①镀锌的钢导管、可挠性导管和金属线槽不得熔焊跨接接地线，以专用接地卡跨接的两卡间连线为铜芯软导线，截面积不小于 4 mm^2。

②当非镀锌钢导管采用螺纹连接时，连接处的两端焊跨接接地线；当镀锌钢导管采用螺纹连接时，连接处的两端用专用接地卡固定跨接接地线。

③金属线槽不作设备的接地导体，当设计无要求时，金属线槽全长不少于 2 处与接地（PE）或接零（PEN）干线连接。

④非镀锌金属线槽间连接板的两端跨接铜芯接地线，镀锌线槽间连接的两端不跨接接地线，但连接板两端不少于 2 个有防松螺帽或防松垫圈的连接固定螺栓。

2）金属导管严禁对口熔焊连接；镀锌和壁厚小于等于 2 mm 的钢导管不得套管熔焊连接。

3）当绝缘导管在砌体上剔槽埋设时，应采用强度等级不小于 M10 的水泥砂浆抹面保护，保护层厚度大于 15 mm。

（2）一般项目

1）室外埋地敷设的电缆导管，埋深不应小于 0.7 m。壁厚小于等于 2 mm 的钢电线导管不应埋设于室外土壤内。

2）室外导管的管口应设置在盒、箱内。在落地式配电箱内的管口，箱底无封板的，管口应高出基础面 50～80 mm。所有管口在穿入电线、电缆后应做密封处理。由箱式变电所或落地式配电箱引向建筑物的导管，建筑物一侧的导管管口应设在建筑物内。

3）金属导管内外壁应做防腐处理；埋设于混凝土内的导管内壁也应做防腐处理，外壁可不做防腐处理。

4）室内进入落地式柜、台、箱、盘内的导管管口，应高出柜、台、箱、盘的基础面 50～80 mm。

5）暗配的导管，埋设深度与建筑物、构筑物表面的距离不应小于 15 mm；明配的导管应排列整齐，固定点间距均匀、安装牢固；在终端、弯头中点或柜、台、箱、盘等边缘的距离 150～500 mm 范围内设有管卡，中间直线段管卡间的最大距离应符合表 6—5 的规定。

6）线槽应安装牢固，无扭曲变形，紧固件的螺母应在线槽外侧。

表 6—5 管卡间最大距离

敷设方式	导管种类	导管直径/mm				
		15～20	25～32	32～40	50～65	＞65
		管卡间最大距离/m				
支架或沿墙明敷	壁厚小于 2 mm 刚性钢导管	1.5	2.0	2.5	2.5	3.5
	壁厚小于等于 2 mm 刚性钢导管	1.0	1.5	2.0	—	—
	刚性绝缘导管	1.0	1.5	1.5	2.0	2.0

7）绝缘导管敷设应符合下列规定：

①管口平整光滑；管与盒（箱）等器件采用插入法连接时，连接处结合面涂专用胶合剂，接口牢固密封。

②直埋于地下或楼板孔的刚性绝缘导管，在穿出地面或楼板易受机械损伤的一段，采取保护措施。

③当设计无要求时，埋设在墙内或混凝土内的绝缘导管应采用中型以上的导管。

④沿建筑物、构筑物表面和在去架上敷设刚性绝缘导管，按设计要求装设温度补偿装置。

8）金属、非金属柔性导管敷设应符合下列规定：

①刚性导管经柔性导管与电气设备、器具连接，柔性导管的长度在动力工程中不大于 0.8 m，在照明工程中不大于 1.2 m。

②可挠金属管或其他柔性导管与刚性导管或电气设置、器具间的连接采用专用接头；复合型可挠金属管或其他柔性导管的连接处密封良好，防液覆盖层完整无损。

③可挠性金属导管和金属柔性导管不能做接地（PE）或接零（PEN）的连续导体。

9）导管和线槽，在建筑物变形缝处应设补偿装置。

4. 电线、电缆穿管和线槽敷线

（1）主控项目

不同回路、不同电压和交流与直流的电线，不应穿于同一导管内；同一交流回电线应穿于同一金属导管内，且管内电线不得有接头。

（2）一般项目

1）电线、电缆穿管前，应清除管内杂物和积水。管口应有保护措施，不进入接线盒（箱）的垂直管口穿入电线、电缆后，管口应密封。

2）当采用多相供电时，同一建筑物、构筑物的电线绝缘层颜色选择应一致，即保护地线（PE线）应是黄绿相间色，零线用淡蓝色；相线用：A相——黄色、B相——绿色、C相——红色。

3）线槽敷线应符合下列规定：

①电线在线槽内有一定余量，不得有接头。电线按回路编号分段绑扎，绑扎点间不应大于2 m。

②同一电源的不同回抗干扰要求的线路用隔板隔离，或采用屏蔽电线且屏蔽护套一端接地。

四、智能建筑工程质量验收规范

1. 概述

2001年初由建设部组织编写《中华人民共和国智能建筑工程质量验收规范》，并纳入《中华人民共和国建筑工程施工质量验收规范统一标准》。2003年7月建设部发布为国家标准，编号为GB 50339—2003，自2003年10月1日起实施。

本规范为确保工程质量，提高工程质量管理水平的基础工作，增加了一定的质量管理内容。在分部工程的基础上，划分了子分部工程、分项工程，可依据工程内容的划分进行子分部工程和分项工程的验收。各子分部工程质量检测只分为主控项目和一般项目，对使用功能、系统性能有重大影响的应严格控制，必须达到规定指标；对于一般项目，也应给予控制。增加施工过程工序的验收，对于设备材料进场验收、隐蔽工程验收等直接或间接对工程质量有重要影响的项目，施工单位必须把这些项目的质量搞好，对这些项目的验收，也有利于分清质量责任。

2. 基本规定

（1）一般规定

1）智能建筑工程质量验收应包括工程实施及质量控制、系统检测和竣工验收。

2）智能建筑分部工程应包括通信网络系统、信息网络系统、建筑设备监控系统、火灾自动报警及消防联动系统、安全防范系统、综合布线系统、智能化系统集成、电源与接地、环境和住宅（小区）智能化等子分部工程；子分部工程又分为若干个分项工程（子系统）。

3）智能建筑工程质量验收应按“先产品，后系统；先各系统，后系统集成”的顺序进行。

4）智能建筑工程的现场质量管理应符合本规范附录A中表A.0.1的要求。

（2）产品质量检查

1）本规范所涉及的产品应包括智能建筑工程各智能化系统中使用的材料、硬件设备、软件产品和工程中应用的各种系统接口。

2）产品质量检查应包括列入《中华人民共和国实施强制性产品认证的产品目录》或实施生产许可证和上网许可证管理的产品，未列入强制性认证产品目录或未实施生产许可证和上网许可证管理的产品应按规定程序通过产品检测后方可使用。

3）产品功能、性能等项目的检测应按相应的现行国家产品标准进行；供需双方有特殊要求的产品，可按合同规定或设计要求进行。

4）对不具备现场检测条件的产品，可要求进行工厂检测并出具检测报告。

5）硬件设备及材料的质量检查重点应包括安全性、可靠性及电磁兼容性等项目，可靠性检测可参考生产厂家出具的可靠性检测报告。

6）软件产品质量应按下列内容检查：

①商业化的软件，如操作系统、数据库管理系统、应用系统软件、信息安全软件和网管软件等应做好使用许可证及使用范围的检查。

②由系统承包商编制的用户应用软件、用户组态软件及接口软件等应用软件，除进行功能测试和系统测试之外，还应根据需要进行容量、可靠性、安全性、可恢复性、兼容性、自诊断等多项功能测试，并保证软件的可维护性。

③所有自编软件均应提供完整的文档，包括软件资料、程序结构说明、安装调试说明、使用和维护说明书等。

7）系统接口的质量应按下列要求检查：

①系统承包商应提交接口规范，接口规范应在合同签订时由合同签订机构负责审定。

②系统承包商应根据接口规范制定接口测试方案，接口测试方案经检测机构批准后实施，系统接口测试应保证接口性能符合设计要求，实现接口规范中规定的各项功能，不发生兼容性及通信瓶颈问题，并保证系统接口的制造和安装质量。

（3）工程实施及质量控制

1）工程实施及质量控制应包括与前期工程的交接和工程实施条件准备、进场设备和材料的验收、隐蔽工程检查验收和过程检查、工程安装质量检查、系统自检和试运行等。

2）工程实施前应进行工序交接，做好与建筑结构、建筑装饰装修、建筑给水排水及采暖、建筑电气、通风与空调和电梯等分部工程的接口确认。

3）工程实施前应做好如下条件准备：

①检查工程设计文件及施工图的完备性，智能建筑工程必须按已审批的施工图设计文件实施；工程中出现的设计变更，应按本规范附录 B 中表 B.0.3 的要求填写设计变更审核表。

②完善施工现场质量管理检查制度和施工技术措施。

4）必须按照合同技术文件和工程设计文件的要求，对设备、材料和软件进行进场验收。进场验收应有书面记录和参加人签字，并经监理工程师或建设单位验收人员签字。未经进场验收合格的设备、材料和软件不得在工程上使用和安装。经进场验收的设备和材料应按产品的技术要求妥善保管。

5）设备及材料的进场验收应填写本规范附录 B 中表 B.0.1，具体要求如下：

①保证外观完好，产品无损伤、无瑕疵，品种、数量、产地符合要求。

②依规定程序获得批准使用的新材料和新产品除符合本条规定外，还应提供主管部门规定的相关证明文件。

③进口产品除应符合本规范规定外，还应提供原产地证明和商检证明，配套提供的质量合格证明、检测报告及安装、使用、维护说明书等文件资料应为中文文本（或附中文译文）。

6）应做好隐蔽工程检查验收和过程检查记录，并经监理工程师签字确认；未经监理工程师签字，不得实施隐蔽作业。

7）系统承包商在安装调试完成后，应对系统进行自检，自检时要求对检测项目逐项检测。

参考文献

1 胡崇岳编著．智能建筑自动化技术．北京：机械工业出版社，1999

2 吕景泉主编．楼宇智能化技术．北京：机械工业出版社，2002

3 梁华编著．建筑弱电工程设计手册．北京：机械工业出版社，2000

4 孙景芝，韩永学编著．电气消防．北京：中国建筑工业出版社，2000

5 杨磊，李峰编著．闭路电视监控系统．北京：机械工业出版社，2001

6 侯进旺主编．建筑电气控制技术．北京：机械工业出版社，2003

7 陈志新，李英姿主编．现代建筑电气技术与应用．北京：机械工业出版社，2002

8 雍静主编．供配电系统．北京：机械工业出版社，2003

9 芮静康编著．电工技术百问．北京：中国建筑工业出版社，2000

10 李东明编著．建筑弱电工程安装调试手册．北京：中国物价出版社，1993

11 花铁森．建筑弱电工程安装施工手册．北京：中国建筑工业出版社，1999